Ulrich Filler

Geschichte einer großen Sehnsucht

Ein Portrait der hl. Schwester
Maria Faustyna Kowalska

W0060826

fe-medienverlag, kisslegg

3. Auflage August 2010
© fe-medienverlags GmbH
D-88353 Kißlegg/Immenried
Umschlaggestaltung: Renate Geisler
Druck: Pustet, Regensburg
ISBN 3-928929-79-8

Die kirchliche Druckerlaubnis wird für die
Veröffentlichung erteilt.
Coloniae, die 2 m. Aprilis 2007
Jr. Nr. 106 250 I 90 Dr. Dominik Schwaderlapp vic. Gen.

Ulrich Filler

Geschichte einer großen Sehnsucht

Ein Portrait der hl. Schwester
Maria Faustyna Kowalska

Inhalt

Meine Begegnung
mit Schwester Faustyna

Ein sonniger Nachmittag im Mai. Ich sitze auf einer Gartenbank vor der Kapelle, in der ich während meiner Urlaubstage die heilige Messe feiere. Eine kleine Schar Gläubiger ist eingetroffen; in dem Dorf spricht sich das zusätzliche Gottesdienstangebot schnell herum. Eine Frau kommt auf mich zu, grüßt freundlich und drückt mir einen Rosenkranz in die Hand. Sie bedeutet mir, ich solle ihn behalten, nickt noch einmal lächelnd und verschwindet in der Kapelle. Verdutzt betrachte ich das überraschende Geschenk. Es handelt sich um einen ganz besonderen Rosenkranz: An Stelle des Kreuzes ist am unteren Ende eine große Medaille befestigt, die ein Kreuz und eine Jesus-Darstellung zeigt. Eine andere, eingearbeitete Medaille enthält ein kleines Stückchen Stoff. Der Inschrift zufolge stammt es aus einem Gewand, das einmal „Schwester Faustyna" gehört hat.

Bis dahin hatte ich nur eine vage Vorstellung von Schwester Faustyna. Ich wußte, daß diese polnische Ordensschwester von Papst Johannes Paul II. heiliggesprochen worden war. Und ich wußte, daß auf ihre Visionen das bekannte Bild des „barmherzigen Jesus" zurückgeht: eine bunte und etwas kitschige Darstellung des Herrn, der dem Betrachter entgegengeht, die rechte Hand segnend erhoben und mit der Linken auf sein Herz deutend, aus dem sich ein weißer und ein roter Strahl ergießen. Unter dem Bild findet man die Aufschrift: „Jezu, ufam Tobie", zu Deutsch: „Jesus, ich vertraue auf dich." Ach ja – und hat nicht Johannes Paul II. den Sonntag nach Ostern, den „Weißen Sonntag", den traditionellen Ter-min für die Kinderkommunion, zum „Sonntag der göttlichen Barmherzigkeit" erklärt?

Mit dem wenigen, was ich über sie wußte, war ich also alles andere als ein Experte für Schwester Fausty-na. Aber das Geschenk der unbekannten Frau habe ich gut verwahrt. Es war ein erster Schritt, eine erste Anregung auf dem Weg, die polnische Ordens-schwester und ihre Geschichte besser kennenzuler-nen. Und es ist eine spannende, verblüffende aber auch eine merkwürdige Geschichte voller Visionen, Mystik und Wunder.

Als ich mit der Arbeit an diesem Buch begann, saß ich mit einigen Freunden in gemütlicher Runde zusammen. Eine Bekannte fragte mich, woran ich gerade arbeitete. Ich sagte ihr, ich sei mit der Biogra-phie von Schwester Faustyna beschäftigt. „Schwester Faustyna?", sie runzelte die Stirn. „Eine Mystikerin!", half ihr ein anderer auf die Sprünge. „Ach so", sagte sie und winkte ab. „Nee, damit kann ich nichts an-fangen …" Diese Haltung ist bei "normalen" Katho-liken, die im "richtigen Leben" stehen und eine nüchterne, bisweilen auch kritische, nicht so schwärmerische und gefühlsbeladene Frömmigkeit pflegen, recht verbreitet. Aber wie man sehen wird, handelt es sich um ein Vorurteil. Denn die Geschichte von Schwester Faustyna ist nicht nur die Geschichte von Wundern und Mystik. Es ist auch die Geschichte von harter Arbeit, schwerer Krankheit und dem Versuch, den Glauben im Alltag zu leben. Es ist die Geschichte einer großen Sehnsucht und einer großen Botschaft.

Ganz gleich, aus welcher Perspektive ich mich Schwester Faustyna nähere, ob begeistert oder distanziert – ich werde auf eine faszinierende und ganz und gar katholische Geschichte stoßen. Eine Geschichte, die das Lesen lohnt.

Schwester Faustyna und ihre Zeit

Helena Kowalska, die als Ordensschwester später den Namen Faustyna wählt, wird im Jahre 1905 in Glogowiec, einem kleinen polnischen Dorf, geboren. Zu dieser Zeit gibt es keinen eigenen polnischen Staat. Das alte Königreich Polen wurde seit 1772 immer wieder von den benachbarten Großmächten Preußen, Rußland und Österreich-Ungarn geteilt und in Besitz genommen (1772, 1793, 1795); 1794 dankte der letzte polnische König ab. Als nach den Napoleonischen Kriegen auf dem Wiener Kongreß (1814/15) ganz Europa neu geordnet wurde, gewährleistete die Wiener Schlußakte zwar die nationale Selbstständigkeit Polens; es gab jedoch nach wie vor kein zusammenhängendes Staatsgebilde, und immer wieder flackerten Aufstände gegen die Besatzermächte auf. Erst 1918, also nach dem Ersten Weltkrieg, wurde der polnische Staat wiedererrichtet.

Im späten 19. Jahrhundert und noch zu Beginn des 20. Jahrhunderts ist der Kolonialimperialismus die treibende politische Kraft in ganz Europa: In erbitterter Konkurrenz streben alle größeren Staaten danach, ihre Herrschaftsgebiete auszudehnen und „Weltmächte" zu werden. Es ist eine gärende, unruhige Zeit. Aufstände und Kriege bleiben nicht aus, man denke an den „Burenkrieg" in Südafrika

(1899-1902), den „Boxeraufstand" in China (1900), den Russisch-Japanischen Krieg (1904-1905) und die daraus folgende erste Revolution in Rußland (1905). Im Geburtsjahr von Schwester Faustyna bildet die Intervention des deutschen Kaisers in Marokko („Erste Marokkokrise") den Auftakt mehrerer ernster Krisen, die – wie z.B. auch die Annexion Bosniens und der Herzegowina durch Österreich-Ungarn 1908 – bereits die Mächtekonstellation des Ersten Weltkriegs andeuten. 1914, in dem Jahr, in dem Schwester Faustyna ihre Erstkommunion feiert, bricht der Erste Weltkrieg aus, und es wird kein Krieg der schnellen Siege, sondern ein erschöpfendes Gemetzel, das Hunderttausende das Leben kostet und nicht gekannte Schrecken und Greuel mit sich bringt. 1917, also im Alter von 12 Jahren, beginnt Schwester Faustyna eine kurze Schulkarriere. Es ist das Jahr, in dem der russische Zar abdankt. In Rußland herrschen Revolution und Bürgerkrieg. Die Bolschewisten setzen sich durch; es kommt zur Gründung der Union der Sozialistischen Sowjetrepubliken (1922).

Das Ende des Ersten Weltkrieges (1918) bedeutet das Ende der Doppelmonarchie Österreich-Ungarn. In Deutschland flackert die Revolution auf. Der demokratischen Weimarer Republik (1919-1933) ist von Anfang an eine schwere Bürde auferlegt: Mit der „Dolchstoßlegende" wird im eigenen Land die Meinung verbreitet, Deutschland sei nicht „im Feld" besiegt worden, Schuld an der Niederlage seien vielmehr die innerpolitischen Verhältnisse gewesen. Durch den Versailler Vertrag (1919) wurde Deutschland und seinen Verbündeten zudem die alleinige Kriegsschuld zugewiesen. Nicht zuletzt durch diese Umstände bleibt die politische Lage instabil.

1925 tritt Schwester Faustyna ins Kloster ein; 1933 kommt es in Deutschland zur Machtergreifung durch die Nationalsozialisten. Das finsterste Kapitel deutscher Geschichte beginnt; Schwester Faustyna legt die ewigen Gelübde ab. Im Juli 1936 bricht der Spanische Bürgerkrieg aus, der bis 1939 andauert. Ein Jahr vorher, im Oktober 1938, stirbt Schwester Faustyna im Alter von nur 33 Jahren. Den Beginn des Zweiten Weltkrieges (1939-1945) und die Schrecken der nationalsozialistischen Terrorherrschaft, unter der Polen besonders zu leiden hatte, erlebt sie nicht mehr.

Die Lebensgeschichte von Schwester Faustyna bleibt von den großen Ereignissen der Weltgeschichte, von den zahlreichen Krisen und Kriegen scheinbar unberührt.[1] Anders als ihre zwei berühmten polnischen Zeitgenossen – Pater Maximilian Kolbe (1894-1941) und Papst Johannes Paul II. (1920-2005) – lebt sie nicht lange genug, um persönlich von den Auswirkungen der nationalsozialistischen Verfolgung und der kommunistischen

13

Diktatur betroffen zu sein. Pater Kolbe, 11 Jahre älter als Schwester Faustyna, stirbt als Märtyrer im Konzentrationslager Auschwitz, als er stellvertretend für einen jungen polnischen Familienvater sein Leben hingibt. Karol Wojtyla, 15 Jahre jünger als Schwester Faustyna, arbeitet in einem Steinbruch, um der Deportation durch die Nationalsozialisten zu entgehen. 1942 tritt er in ein geheim eingerichtetes Priesterseminar ein und wird 1946 zum Priester und 1954 zum Bischof geweiht. Als Papst Johannes Paul II. (1978-2005) hat er maßgeblichen Anteil daran, daß die kommunistische Diktatur zusammenbricht und der „Eiserne Vorhang" fällt. Der große Papst und die kleine Ordensfrau kannten sich zu Lebzeiten nicht. Dennoch gibt es einige Berührungspunkte und Verschränkungen: Als Erzbischof von Krakau erteilt Karol Wojtyla die Befugnis, 1965 den „Informationsprozeß" für Schwester Faustyna einzuleiten. Dies ist eine Vorstufe der Seligsprechung, die das Leben und die besonderen Tugenden eines im Ruf der Heiligkeit verstorbenen Christen untersucht. 1980 erscheint die Enzyklika „Dives in Misericordia" über die Barmherzigkeit Gottes, die das große Thema des Lebens von Schwester Faustyna aufgreift. 1993 findet am Weißen Sonntag in Rom die Seligsprechungsfeier für Schwester Faustyna statt; im Heiligen Jahr 2000 spricht Johannes Paul II. Schwester Faustyna heilig.

Am 25. August 2005 feierten wir den einhundertsten Geburtstag von Schwester Faustyna. Aus unserer zeitlichen Distanz mag der Rückblick auf „Schwester Faustyna und ihre Zeit" zunächst die Frage aufwerfen, ob es zwischen ihrer individuellen Biographie und den großen weltgeschichtlichen Ereignissen überhaupt einen Zusammenhang, eine besondere Verbindung gegeben hat. Denn weder hat Schwester Faustyna auf die wechselvolle Geschichte ihrer Zeit unmittelbar eingewirkt, noch haben die Ereignisse ihrer Zeit ihr persönliches Leben in besonderer Weise beeinflußt. Beinahe scheint es so, als sei Schwester Faustynas Lebensgeschichte zeitentbunden, als könne man sie ebenso gut im 18. oder im 17. Jahrhundert erzählen.

Aber dieser Eindruck täuscht, denn Schwester Faustynas Geschichte ist noch nicht zu Ende. Natürlich ist die eigentliche Biographie im streng historischen Sinne mit ihrem Tod abgeschlossen. Aber die Wirkung ihres Lebens hält bis heute an. Ihre Gedanken und Anregungen sind sogar heute ganz aktuell und breiten sich auf der ganzen Welt aus.

Außerdem scheinen ihr Leben, ihre Geschichte und ihre Botschaft eine Antwort Gottes auf die Schrecken ihrer Zeit zu sein, einer Zeit, die beherrscht wird von Imperialismus, Revolutionen und Krieg, Nationalsozialismus und Kommunismus, Verfolgung, Terror, Ungerechtigkeit und millionenfachem Leid. *Die Menschheit wird keinen Frieden finden, solange sie sich nicht mit Vertrauen an meine Barmherzigkeit wendet (TB 300)*[2], sagt Jesus zu Schwester Faustyna. Auch unsere Zeit hat noch keinen Frieden gefunden, sie hat ihre eigenen Schrecken, und auch sie gründen letztlich in der Überheblichkeit des Menschen, der versucht, ohne Gott zu existieren und diese Welt und Gesellschaft ohne ihn zu gestalten. Wenn das Leben, die Geschichte und die Botschaft von Schwester Faustyna eine Antwort Gottes sind, dann lohnt es sich auch für uns, auf diese Antwort zu hören. Wir haben sie nötig.

Die Geschichte von
Schwester Faustyna

Die Biographie von Schwester Faustyna hat zwei verschiedene Seiten. Man kann einmal die äußere Lebensgeschichte betrachten, die Stationen eines kurzen Lebens. Aus diesem Blickwinkel ergibt sich ein unspektakuläres Bild: ein ärmliches, frommes und strenges Elternhaus, einige Jahre der Tätigkeit als Haushaltshilfe in verschiedenen Familien, der Eintritt ins Kloster, Krankheit und schließlich ein früher Tod.

Diese karge und kurze Geschichte der äußeren Lebensstationen ist aber noch nicht vollständig. Sie muß ergänzt werden durch die innere Biographie, durch das Glaubensleben von Schwester Faustyna, durch die innere Entwicklung der Helena Kowalska. Schwester Faustyna hat über viele Jahre hinweg ein Tagebuch geführt. Dieses Tagebuch öffnet uns zusammen mit weiteren Quellen (z.B. Erinnerungen von Mitschwestern und anderen Zeitgenossen) eine Tür, durch die wir gleichsam die Innenseite ihres ungewöhnlichen Lebens kennenlernen können.

Kindheit und Jugend (1905-1921)

Doch zunächst fängt ihr Leben ziemlich gewöhnlich an: Am 25. August 1905 wird Helena Kowalska
als drittes Kind der Eheleute Stanislaw und Marianna Kowalski in dem kleinen Dorf Glogowiec geboren. Ihr Elternhaus, ein einfaches, eingeschossi-
ges Bauernhaus, in dem heute ein kleines Museum
eingerichtet ist, teilt sie mit neun Geschwistern. Die
Kowalskis waren einfache, ärmliche Leute. Stanislaw Kowalski stammt aus dem Ort Swinice Warckie. Zunächst arbeitet er in einer Brauerei in Dabie
an der Ner. Dort lernt er seine Frau Marianna Ba-

Geburtshaus von Schwester Faustyna

bel kennen. Als sie 1892 heiraten, ist er 25, seine
Frau 18 Jahre alt. Sie ziehen in das Dorf Glogowiec, das westlich von Lodsch liegt, und erwerben
ein kleines Stück Land. Im Jahre 1900 können sie

dort ein Haus bauen, das Platz für einen Wohn-
raum, eine Küche und eine Tischlerwerkstatt hat.
Mit gelegentlichen Schreinerarbeiten bessert Stanislaw Kowalski die Erträge einer kleinen Landwirtschaft auf. Die Ehe der Kowalskis bleibt zunächst
kinderlos. Nach 10 Jahren wird Marianna schwan-
ger, doch die ersten beiden Kinder, Kazimiera und
Bronislawa, sterben früh. Die schweren Geburten
schwächen Mariannas Gesundheit, und so erwartet
sie ihr drittes Kind nicht ohne Sorge. Wider Erwarten geht diesmal aber alles gut. Am 25. August 1905
erblickt Helena das Licht der Welt. Nach ihr kommen sieben weitere Kinder: Jozefa, Ewa, Natalia,
Stanislaw, Mieczyslaw, Lucyna und Wanda. „Das
gebenedeite Kind hat meinen Schoß gesegnet", erinnert sich später, nach dem frühen Tod von
Schwester Faustyna, ihre alte Mutter weinend.[3]

Bereits zwei Tage nach ihrer Geburt wurde Helena
Kowalska in der kleinen Pfarrkirche St. Kasimir in
Swinice Warckie von Pfarrer Jozef Chodynski ge-
tauft. Die Eintragung in das Taufregister der Pfarrei
erfolgte auf Russisch – im Jahr 1905 ist Polen noch
geteilt. In der Pfarrkirche erinnern heute besonders
der Taufstein und der Beichtstuhl an Schwester
Faustyna. Auf dem Friedhof der Pfarrei befinden
sich die Gräber ihrer Eltern (ihr Vater starb 1946,
ihre Mutter 1965) und ihres Taufpfarrers.

Stanislaw Kowalski war ein strenger und frommer Mann. Sein Charakter glich dem kargen, sandigen Land, dem er mit Mühe den Lebensunterhalt für seine Familie abrang. Im Hause Kowalski herrschten „Zucht und Ordnung". Es wird berichtet, daß Stanislaw voller Fleiß und Verantwortung für seine Familie sorgte und denselben Einsatz auch von seiner Frau und seinen Kindern erwartete. Er scheute sich nicht, auch kleine Übertretungen und Zuwiderhandlungen hart zu bestrafen. Diese raue Seite seines Charakters wurde gemildert durch seinen ausgeprägten Glauben. Er vermochte die tägliche harte Arbeit mit einem hingebungsvollen Glauben und einer tiefen Marienverehrung zu verbinden, und es ist belegt, daß er bereits am frühen Morgen ein Lied auf den Lippen hatte. Seine Unterschrift im Taufregister der Pfarrei weist darauf hin, daß er über einen gewissen Bildungsgrad verfügte. Und wenn auch nie viel Geld im Haus war, so wurden doch regelmäßig religiöse Bücher angeschafft und im Familienkreis vorgelesen. Ein ganz bezeichnender Tagebucheintrag von Schwester Faustyna wirft ein Licht auf Stanislaws Wesen: Als dreißigjährige Ordensschwester besucht Schwester Faustyna ihre Familie, da die Mutter schwer erkrankt ist. *Nach der Begrüßung knieten wir alle gleich nieder und dankten Gott für die Gnade, daß wir uns noch einmal im Leben alle sehen konnten. Als ich sah, wie mein Vater betete, schämte ich mich sehr, daß ich nach so vielen Jahren im Kloster nicht so*

innig und andächtig beten konnte; so danke ich auch Gott
unentwegt für solche Eltern. (TB 398)

Seine Sorge um einen gelebten Glauben und eine christliche Gestaltung des Familienlebens teilte Stanislaw mit seiner gefühlvollen und sanften Frau Marianna. Neben dem Glauben stand die Arbeit im Vordergrund des Familienlebens. Alle Kinder mußten von klein auf im Haus und in der Landwirtschaft mitarbeiten, um zum Lebensunterhalt der Familie beizutragen.

Der Versuch, den Glauben inmitten der Anstrengungen des Alltags zu leben, stand im Zentrum des Familienlebens der Kowalskis und prägte die ganze Familie, besonders aber die kleine Helena, die in den spannenden Geschichten aus den Heiligenbüchern ihre ersten Vorbilder fand und beim Spielen oder bei der Arbeit auf dem Feld anderen Kindern davon erzählte. Die Berichte über ihre Kindheit sind des Lobes voll: „Seit ihrer Kindheit zeichnete sie sich durch Liebe zum Gebet, Fleiß, Gehorsam und ein großes Mitgefühl mit menschlicher Armut aus ...", so die offizielle vatikanische Kurzbiographie.[4] Die kleine Helena konnte im Schoß ihrer Familie bereits früh ein tiefes Glaubensleben entwickeln, in dem sich eine persönliche Frömmigkeit mit einem einnehmenden, liebenswerten Charakter und dem, was man heute „soziale Kompetenzen" nennt, verband.

Und wenngleich ein solcher, früh gereifter und ausgewogener Charakter selten anzutreffen ist, scheint allein darin noch nichts Ungewöhnliches zu liegen. Ungewöhnlich ist aber, daß Helena bereits mit sieben Jahren eine ganz besondere Form der Glaubenserfahrung macht. Ein knappes Jahr vor ihrem Tod erinnert sie sich in ihrem Tagebuch: *Von frühester Kindheit zog mich Jesus im Allerheiligsten Altarsakrament an Sich. Im Alter von sieben Jahren, als Jesus während der Vesperandacht in der Monstranz ausgestellt war, erfuhr ich zum ersten Mal die Liebe Gottes. Sie füllte mein kindliches Herz, und der Herr ließ mich Dinge Gottes verstehen. Von diesem Tag bis heute wächst meine Liebe zum verborgenen Gott, bis zur engsten Vertrautheit. Die ganze Kraft meiner Seele fließt aus dem Allerheiligsten Altarsakrament. Jede freie Minute bin ich im Gespräch mit Ihm. Er ist mein Meister. (TB 1404)*

Um eine solche Glaubenserfahrung verstehen und einordnen zu können, ist es notwendig, die Lebensgeschichte von Schwester Faustyna für einen Augenblick zu verlassen. Die Erfahrung der siebenjährigen Helena wird in der Theologie als „mystische" Glaubenserfahrung bezeichnet. „Mystik" meint den Bereich von Erfahrungen, die das gewöhnliche Bewußtsein und die verstandesmäßige Erkenntnis übersteigen und eine unmittelbare Erfahrung der göttlichen Wirklichkeit bedeuten. Mystik im Sinne einer Suche nach unmittelbaren Erfahrungen des Göttlichen oder des Transzendenten gibt es in fast allen Religionen. Im Christentum ist sie zunächst eher selten anzutreffen. Das Neue Testament vertritt eine nüchterne Glaubenshaltung: Das Ziel des christlichen Lebens ist nicht, Gott in mystischer Weise zu schauen, sondern liegt darin, nüchtern und wachsam an ihn zu glauben. Anstatt im Hier und Jetzt in der beseligenden Anschauung Gottes zu versinken, gilt es, auf die Ewigkeit zu hoffen. Der Apostel Paulus läßt zwar anklingen, daß auch er mystische Erfahrungen gemacht hat (2 Kor 12,2ff.), er ist aber sehr darauf bedacht, ein Streben nach solchen Erfahrungen nicht zu fördern: Nicht auf Weltentrücktheit kommt es an, sondern auf das apostolische Handeln.

Aber Gottes Wege sind nicht einförmig, und immer wieder hat es Menschen gegeben, denen Gott solche unmittelbaren, unsere normalen Sinne und unseren Verstand übersteigenden Erfahrungen geschenkt hat. Sie werden z.B. berichtet von Franziskus, Birgitta von Schweden oder Katharina von Siena. Mystische Erfahrungen drängten Heilige dazu, sich für die Reform der Kirche einzusetzen, wie es z.B. bei Ignatius von Loyola, Theresia von Avila oder Johannes vom Kreuz der Fall gewesen ist. Ein eigenes Kapitel bildet die sogenannte „Deutsche Mystik", die im 13. und 14. Jahrhundert ihren Höhepunkt erreichte und eine regelrechte, vom Dominikanerorden geförderte Bewegung bildete, in deren Zentrum die Erfahrung der „Vereinigung der Seele mit Gott" stand und die sich vor allem in den Klöstern, aber auch unter den Laien und im Weltklerus ausbreitete. Hinter dieser geistigen Bewegung stand oft der Einsatz gegen die Verweltlichung der mittelalterlichen Kirche und gegen die Verwirrungen, die durch zahlreiche Irrlehren entstanden. Berühmte Vertreter der „Deutschen Mystik" sind z.B. Hildegard von Bingen, Juliane von Lüttich, Mechthild von Magdeburg, Meister Eckehart, Johannes Tauler, Heinrich Seuse und – als letzter großer Vertreter im 15. Jahrhundert – Nikolaus von Flüe.

In den Bereich der Mystik gehören auch die sogenannten „Privatoffenbarungen". Offenbarung bedeutet: Selbstmitteilung Gottes. Gott offenbart sich nach und nach dem Volk Israel und zeigt ihm seinen Willen. Der Höhepunkt der Offenbarung Gottes ist seine Menschwerdung in Jesus Christus. Mit Christus und den Aposteln ist die Offenbarung Gottes abgeschlossen. Sie ist gegenwärtig in der Kirche und ihren Sakramenten und kann nicht mehr ergänzt oder verbessert werden. Es ist aber möglich, daß Gott sich darüber hinaus einem Einzelnen offenbart, sei es, um einen bestimmten Aspekt der allgemeinen Offenbarung zu betonen, sei es, um in einer bestimmten Situation zu einer Entscheidung zu raten. In einer Privatoffenbarung können Jesus, die Heiligen oder die Gottesmutter in übernatürlicher Weise erscheinen. Berühmte Privatoffenbarungen sind z.B. die der Gottesmutter im französischen Lourdes an Bernadette Soubirous (1858) oder im portugiesischen Fatima an die Kinder Lucia, Francisco und Jacinta (1917). Die Muttergottes bittet in diesen Erscheinungen u.a. um Buße und Gebet zur Bekehrung der Sünder. Die Kirche steht solchen Privatoffenbarungen zunächst sehr kritisch gegenüber. Sorgfältig wird in einem aufwendigen Verfahren geprüft, ob eine Erscheinung und die etwa damit verbundene Botschaft mit dem katholischen Glauben übereinstimmt und einen übernatürlichen Ursprung hat. Gelangt die Kirche zu einem positiven Urteil, steht es den Katholiken frei, an diese Privatoffenbarung zu glauben und sie für das eigene Glaubensleben fruchtbar zu machen.

Viele Privatoffenbarungen haben das Leben der Kirche bereichert – Lourdes und Fatima sind heute bedeutende Wallfahrtsorte, die unzählige Pilger anziehen. Manche Privatoffenbarungen haben die Liturgie und die Volksfrömmigkeit belebt: So bildeten die mystischen Erfahrungen der Juliane von Lüttich (1209) eine Anregung für die Einführung des Fronleichnamsfestes; die Offenbarungen an Marguerite-Marie Alacoque (1675) regten die Herz-Jesu-Verehrung an und führten zur Einführung des Herz-

Jesu-Festes, das auch heute noch am Freitag der dritten Woche nach Pfingsten gefeiert wird. Auch die Offenbarungen, die an Schwester Faustyna ergangen sind, haben eine solche Auswirkung auf die ganze Kirche. Im Jahr 2000 erklärte Papst Johannes Paul II. den „Weißen Sonntag" (Sonntag nach Ostern) zum „Sonntag der göttlichen Barmherzigkeit" und gewährte für diesen Tag einen vollkommenen Ablaß.

Mystik und Privatoffenbarungen – das sind für die meisten "normalen" Katholiken fremde Welten. Ungläubig, kritisch und lächelnd reagieren wir auf solche Erfahrungsberichte, wenn wir ihnen zum ersten Mal begegnen. Es ist niemand dazu verpflichtet, an Privatoffenbarungen zu glauben, auch dann nicht, wenn die Kirche sie nach langer und sorgfältiger Prüfung für echt befunden hat. Wir können auch ohne sie katholisch sein und bleiben und in den Himmel kommen. Auf der anderen Seite ist es unbestritten, daß viele Initiativen, die von mystischen Erfahrungen und Privatoffenbarungen ausgingen, von der Kirche aufgegriffen wurden und unzähligen Christen eine wertvolle Hilfe für den eigenen Glauben geworden sind.

Vor allem aber müssen wir uns davor hüten, mystische Erfahrungen und Privatoffenbarungen für den Beweis größerer Heiligkeit oder eines besseren Christentums zu halten. Die meisten Heiligen sind ohne solche besonderen Erfahrungen heilig geworden. „Mystik" stellt eine Ausnahme, keine Regel dar. Für die meisten Christen wird gelten, was der spätere Papst Johannes Paul I. als Bischof einmal vor Priestern während eines Exerzitienkurses über das Gebet gesagt hat: „Das Beten ist mir ein Opfer. Beten zu Gott, den ich nicht sehe, während meine Sinne all das wahrnehmen, was um mich herum ist. Ich weiß nicht, wie es euch geht. Manchmal kann man Geschmack finden am Beten, aber gewöhnlich ist es eine ermüdende Anstrengung."

Eine andere Gefahr besteht in der Überbewertung der Emotionen. Wir sehnen uns oft danach, daß unsere Gefühle mit den Vollzügen des Glaubens (Meßbesuch, Gebet …) übereinstimmen und sind enttäuscht, wenn das Gebet ohne andächtiges Gefühl verrichtet werden muß oder der Meßbesuch ohne ein emotionales „Dabeisein" stattfindet. Aber Gefühle täuschen uns, und es schadet unserer Christusbeziehung, wenn wir uns von ihnen leiten lassen. Manch einer denkt vielleicht: Wenn ich auch solche Erfahrungen hätte, wenn Jesus auch zu mir direkt spräche, dann fiele es mir viel leichter zu glauben. Das ist ein Irrtum – wie Schwester Faustyna uns zeigen wird.

Aber begeben wir uns wieder zurück zur kleinen, siebenjährigen Helena Kowalska. Ihr Glaubensleben unterscheidet sich von dem ihrer Eltern oder Geschwister oder auch von unserem Glaubensleben dadurch, daß es bereits von früher Kindheit an von mystischen Erfahrungen geprägt war. Dazu gehörten vor allem ihre unmittelbare Erfahrung der Liebe Gottes und ein vertrauter Umgang mit Jesus. Sie lebt in seiner Nähe und Gegenwart und unterhält sich mit ihm, so wie wir mit einem vertrauten Freund umgehen. Von Anfang an spielt auch ihre Berufung, in ein Kloster einzutreten, eine große Rolle: *Den letzten Ruf Gottes, die Gnade der Berufung zum klösterlichen Leben spürte ich seit dem siebten Jahr. Im siebten Lebensjahr hörte ich zum ersten Mal die Stimme Gottes in meiner Seele, als Einladung zu einem vollkommenen Leben, aber nicht immer war ich der Gnadenstimme gehorsam. Ich traf niemanden, der mir die Sachen erklärt hätte. (TB 7)*

Im Alter von neun Jahren empfängt Helena zum ersten Mal das Sakrament der Beichte und feiert im selben Jahr in der Pfarrkirche St. Kasimir die Erstkommunion. Auch jetzt macht sie die Erfahrung einer ungewöhnlichen Nähe und Vertrautheit mit Jesus. Als sie alleine die Kirche verläßt, wird sie gefragt, warum sie nicht mit den anderen Mädchen geht. „Ich gehe mit Jesus!", lautet ihre Antwort.

Bis zu ihrem 16. Lebensjahr bleibt Helena in ihrer großen Familie. Und in keiner Schilderung dieser Jahre findet sich ein Hinweis auf einen nervösen, hysterischen oder krankhaften Charakter. Offenbar konnte sie ihre mystischen Erfahrungen ganz gut mit dem Alltagsleben, mit den täglichen Pflichten und Arbeiten einer ärmeren Großfamilie vereinbaren. Ihre Eltern haben freilich den „Träumen" ihrer Tochter keine große Bedeutung beigemessen. „Träume sind Lügen, nur Gott kann man glauben", so lautet ein polnisches Sprichwort, das sich Helena öfter anhören mußte. „Du wirst mit all deinem Beten den Kopf verlieren, Kleine", sorgt sich ihre Mutter einmal und bekommt zur Antwort: „Aber nein, Mama. Ich glaube, daß mein Schutzengel mich weckt zum Beten!"[5] Die nüchternen Eltern schütteln den Kopf. Von „Visionen" wollen sie nichts wissen. Helena erzählt nichts mehr von dem, was sie sieht, von ihren inneren Eingebungen. Aber ihr Glaube wird tiefer und reifer. Besonders wichtig war ihr die Sonntagsmesse. Es wird berichtet, daß sie sonntags bereits sehr früh auf den Beinen war und die Kühe auf die Weide führte, um der ganzen Familie den Kirchgang zu ermöglichen. Und wenn sie nicht zur Kirche gehen konnte, weil – wie es in armen Familien vorkommen konnte – keine angemessene Kleidung zur Hand war, nahm sie ein Gebetbuch, suchte sich einen ruhigen Platz im Garten und verbrachte die Zeit der Sonntagsmesse im Gebet. Helena war aber auch fröhlich und erfinderisch in ihrem Einsatz für andere. Besonders nahe ging ihr die Not derer, die noch ärmer waren als die Kowalskis. Und so verkleidete sie sich einmal als Bettlerin und klapperte die einzelnen Häuser des Dorfes ab, um Geld für die Armen zu sammeln. Oder sie organisierte aus demselben Grund eine Lotterie und überreichte den Erlös dem Ortspfarrer.

Eine lange und ausführliche Schulbildung hat Helena Kowalska nicht genossen. Erst 1917 wurde in Swinice Warckie eine Volksschule errichtet. Im Alter von 12 Jahren begann sie dort eine dreijährige Schullaufbahn, und obwohl sie als gute Schülerin galt, mußte sie aufgrund ihres Alters für die nachrückenden jüngeren Kinder Platz machen und die Schule wieder verlassen.

Das Ringen um die Berufung (1921-1925)

Mit 16 Jahren verläßt Helena Kowalska ihr Elternhaus und ihr Dorf. Sie soll sich in einer größeren Stadt eine Arbeit als Hausangestellte suchen und so die Familie unterstützen. Die nun folgenden Jahre sind Jahre des Ringens und Kämpfens um die eigene Berufung – Jahre, in denen die Weichen für ihre weitere Zukunft gestellt werden. Zunächst findet Helena eine Stelle als Haushaltshilfe in Alexsandrow in der Nähe von Lodsch.[6] Doch sie spürt immer deutlicher ihre Berufung, in einer Klostergemeinschaft zu leben. Nach einem Jahr gibt sie ihre Stelle auf und kehrt nach Hause zurück. Ihre Eltern sind – trotz aller Frömmigkeit – von ihrem Wunsch nicht begeistert. Sie geben zu bedenken, daß kein Geld für die „Aussteuer" vorhanden ist, die man damals in der Regel noch für einen Eintritt in ein Kloster benötigte.

Als Helena später längst im Kloster ist und über die Gründung einer neuen klösterlichen Gemeinschaft nachdenkt, legt sie bei der Abfassung der Aufnahmemodalitäten bezeichnenderweise folgendes fest: *Fehlende Mitgift wird niemals ein Aufnahmehindernis sein. (TB 542)* Die Eltern bleiben bei ihrer ablehnenden Haltung. Für Helena bedeutet dies eine riesige Enttäuschung. Sie sieht ihren Weg ins Kloster versperrt und sucht eine neue Arbeitsstelle. Diesmal geht sie direkt in die Bischofsstadt Lodsch, wo bereits mindestens eine ihrer Schwestern arbeitet. Mit 17 Jahren findet sie im Herbst 1922 eine Stelle bei drei franziskanischen Terziarinnen, also Mitgliedern des „Dritten Ordens" der Franziskaner. Ein „Dritter Orden" bietet Laien und Weltpriestern, die ihr Glaubensleben im Sinne der Spiritualität des Ordens vertiefen wollen, die Möglichkeit, sich einem Kloster anzuschließen, während sie ihr normales Leben außerhalb des Klosters weiterführen. Bereits ein halbes Jahr später bemüht sich Helena über ein Arbeitsvermittlungsbüro um eine andere Stelle und kommt für ungefähr eineinhalb Jahre als Haushaltshilfe und Kindermädchen bei Marcjanna Sadowska unter, die ein Lebensmittelgeschäft führt. Diese erinnert sich später an ihre Angestellte und bezeichnet sie als zuverlässig, kompetent, kinderlieb und fröhlich („Sie war eine Kicherliese …").

In dieser Zeit versucht Helena, ihre Berufung nicht zu beachten und ein normales Leben zu führen. Aber ihren Frieden findet sie auf diese Weise nicht. In ihrem Tagebuch schreibt sie über diese Zeit: *Das achtzehnte Lebensjahr, die eindringliche Bitte an meine Eltern um Erlaubnis, ins Kloster zu gehen; eine entschiedene Absage der Eltern. Nach dieser Absage gab ich mich der Eitelkeit des Lebens hin, ohne die Stimme der Gnade zu beachten – obgleich meine Seele in nichts Zufriedenheit fand. Die unaufhörlichen Gnadenrufe waren für mich eine große Qual, die ich mit Zerstreuungen zu übertönen suchte. In meinem Inneren mied ich Gott und mit ganzer Seele neigte ich mich den Geschöpfen hin. (TB 8)*

Der Eintritt ins Kloster (1924-1925)

Im Juni oder Juli 1924 geschieht etwas, was diese innere Zerrissenheit und Unzufriedenheit, diesen Versuch, ohne die besondere Vertrautheit mit Gott zu leben, schlagartig beendet. *Gott siegte in der Seele. (TB 8)* – und er tat es auf spektakuläre Art und Weise. Schwester Faustyna schreibt über dieses Erlebnis: *Einmal ging ich mit einer meiner Schwestern zum Ball. Als alle in bester Stimmung waren, empfand meine Seele innere Qualen. Im Moment, als ich zu tanzen anfing, erblickte ich neben mir Jesus; den geschundenen, entblößten Jesus, ganz mit Wunden bedeckt, der zu mir die Worte sprach: „Wie lange soll ich dich ertragen, und wie lange wirst du mich hinhalten?" In diesem Augenblick verstummte die liebliche Musik, die Gesellschaft, in der ich mich befand, verschwand mir aus den Augen, es blieben Jesus und ich. Ich setzte mich neben meine liebe Schwester und versuchte, was in meiner Seele vorging, mit Kopfweh zu verdecken. Nach einer Weile verließ ich heimlich die Gesellschaft und meine liebe Schwester und begab mich in die Kathedrale des Hl. Stanislaw Kostka. Die Morgenstunde begann zu grauen, nur wenige Menschen waren in der Kathedrale. Auf nichts achtend, was um mich geschah, warf ich mich vor dem Allerheiligsten Sakrament nieder und bat den Herrn, mich erkennen zu lassen, was ich weiter tun sollte. Sogleich hörte ich die Worte: „Fahre sofort nach Warszawa, dort wirst du ins Kloster eintreten." Ich erhob mich vom Gebet, kam nach Hause und verrichtete notwendige Dinge. So gut ich konnte, habe ich meiner Schwester anvertraut, was in meiner Seele geschehen war, und sagte ihr, sie soll die Eltern von mir verabschieden und so, in meinem einzigen Kleid, ohne alles, kam ich nach Warszawa. (TB 9f.)* Dieses Ereignis bildet den Wendepunkt im Leben von Helena Kowalska. Ihre jahrelange Sehnsucht nach einem Leben im Kloster, die Schwierigkeiten, die diesem Wunsch entgegenstehen, die Flucht in ein alltägliches Leben ohne die mystische Versenkung in Gottes Gegenwart – all das kulminiert plötzlich in einer Art Befreiungsschlag. Man ist geneigt, von einer Flucht zu sprechen: Hals über Kopf, ohne Abschied von den Eltern (von ihrem Rat oder ihrer Erlaubnis ganz zu schweigen), ohne die für einen Klostereintritt notwendige „Aussteuer", ohne geordnete Regelung ihres Arbeitsverhältnisses, nur mit dem, was sie am Leib trägt, fährt sie in die polnische Hauptstadt. Eine Kurzschlußhandlung, eine Spontanaktion, die man dem ausgeglichenen, frommen, gewissenhaften Mädchen gar nicht zugetraut hätte. Jesus hat gerufen – Helena hört seinen Ruf und folgt ihm konsequent und bedingungslos. Man fühlt sich an die Berichte des Evangeliums erinnert, die von der Berufung der Apostel sprechen, die ja auch alles „stehen und liegen lassen" und Jesus nachfolgen (z.B. Lk 5,11).

Helena Kowalska trifft ohne Frage eine mutige, aber keineswegs eine blinde, hysterische Entscheidung. Sie ist getragen vom Gebet und von der Gewißheit, daß Christus selbst sie ruft. Und der Mut, den ihre Entscheidung voraussetzt, ist nicht der Mut der Verzweiflung, sondern der Mut, der aus einem großen Gottvertrauen erwächst. Wenn ihre Fahrt nach Warschau auch einer Flucht gleicht, so ist es doch keine ziellose Flucht. Das Ziel steht vielmehr fest: ein Leben in einer klösterlichen Gemeinschaft.

Helena Kowalska macht sich, von Jesus gerufen, auf den Weg, diese Lebensentscheidung umzusetzen. Folgen wir ihr auf diesem Weg anhand ihrer Erinnerungen: *Als ich aus dem Zug gestiegen war und sah, daß jeder in seine Richtung ging, packte mich Angst – Was soll ich tun? – An wen soll ich mich wenden, ohne irgendwelche Bekannte zu haben? – Ich sagte zur Gottesmut-*

ter: „Maria, führe mich, leite mich." — Sofort vernahm ich in meinem Inneren die Worte: Ich soll aus der Stadt heraus in ein gewisses Dorf fahren, dort werde ich eine sichere Übernachtung finden, was ich auch tat und alles so fand, wie die Gottesmutter es mir gesagt hatte. Am nächsten Tag früh am Morgen traf ich in der Stadt ein und ging in die erste Kirche, die ich erblickte, und bat um den weiteren Willen Gottes. Eine hl. Messe nach der anderen wurde gefeiert. Während einer hl. Messe hörte ich die Worte: „Gehe zu diesem Priester und sage ihm alles, er wird dir sagen, was du weiter tun sollst." Nach Beendigung der hl. Messe begab ich mich in die Sakristei und berichtete alles, was in meiner Seele vorgegangen war, und bat um einen Hinweis, wo ich eintreten solle, in welches Kloster. (TB 11f.) Es ist anrührend, mit welch kindlichem Vertrauen sich Helena von Gott führen läßt: Jesus hat sie gerufen – er wird weiter Sorge tragen. Und tatsächlich kann sie sich auf die Führung Gottes verlassen. Mit Hilfe ganz konkreter Ratschläge findet sie ein Nachtquartier außerhalb der Großstadt und am nächsten Morgen einen wildfremden Priester, der ihr aber geduldig zuhört. Als Christen glauben wir daran, daß die Vorsehung Gottes stets unmittelbar und konkret wirkt. Kann nicht jeder Mensch von einer Situation aus dem eigenen Leben berichten, in der ihm in einer schwierigen Lage plötzlich Hilfe von anderen, fremden Menschen zuteil wurde? Sicher – wir erfahren Gottes Fügung in der Regel nicht so anschaulich wie Helena und wir neigen dazu, manches als Schicksal oder Zufall abzutun. Helenas Geschichte zeigt, wie Gott ein kindliches Vertrauen in seine Führung belohnt, und daß uns sein Beistand auch durch andere Menschen geschenkt wird. *Der Priester war im ersten Augenblick verwundert, aber dann wies er mich an, stark zu vertrauen, daß Gott weiteres bestimmen werde. „Vorläufig", sagte er, „schicke ich dich zu einer frommen Frau, bei der du dich aufhalten wirst, bis du ins Kloster eintrittst." Als ich mich bei dieser Frau meldete, empfing sie mich sehr freundlich. (TB 13)* Helena findet auf diese Weise erst einmal eine sichere Zuflucht. Von hier aus kann sie auf die Suche nach einem Kloster gehen, das bereit ist, sie aufzunehmen. *In dieser Zeit suchte ich nach einem Kloster, doch wo ich an der Pforte anklopfte, wurde ich überall abgewiesen. Schmerz bedrückte mein Herz, und ich sprach zu Jesus: „Hilf mir, laß mich nicht allein!" (TB 13)*

Wir dürfen uns keinen allzu romantischen Vorstellungen vom Klosterleben hingeben. Eine Mitschwester erklärt später Helenas lange und vergebliche Suche ganz nüchtern: „Dieses Mädchen ohne Mitgift, ohne Bildung, das kaum lesen und schreiben konnte, keinen Beruf hatte und nur ein armseliges, abgetragenes Kleid trug, war gewiß keine interessante Kandidatin."[7] Helena läßt sich von barschen Abweisungen („Hier nimmt man keine Dienstmädchen auf!") nicht entmutigen. Wann immer es ihr möglich ist, fährt sie mit ihrer Suche fort. *Endlich klopfte ich an unsere Pforte. Als die Mutter Oberin zu mir kam, die jetzige Generaloberin Michaela,*

wies sie mich nach einem kurzen Gespräch an, zum Herrn
des Hauses zu gehen und zu fragen, ob Er mich aufnehme.
Sofort verstand ich, daß ich Jesus fragen sollte. Ich ging voll
Freude in die Kapelle und fragte Jesus: „Herr des Hauses,
nimmst Du mich auf?“ – So zu fragen befahl mir eine der
Schwestern. Sogleich hörte ich diese Stimme: „Ich nehme dich
auf, du bist in meinem Herzen.“ Als ich aus der Kapelle
zurückkam, fragte mich die Mutter Oberin zuerst: „Na,
hat der Herr dich aufgenommen?“ – Ich erwiderte: „Ja.“ –
„Wenn der Herr aufnahm, nehme auch ich auf.“ So war
meine Aufnahme. Jedoch aus vielen Gründen mußte ich noch
ein Jahr lang in der Welt bleiben, bei einer frommen Frau,
aber nach Hause kehrte ich nicht mehr zurück. (TB 13ff.)
Die Oberin Michaela Moracewska erinnert sich
später an die ungewöhnlichen Umstände der Aufnahme von Helena Kowalska in das Kloster: „Eines Morgens, im Frühling 1924, als ich Oberin in
der Zytniastraße war, rief man mich an die Pforte,
um eine junge Postulantin zu sprechen. Ich begab
mich ins Empfangszimmer, öffnete die Türe aber
nur wenig. Das Mädchen saß derart, daß es mich
nicht sehen konnte. Es machte mir keinen guten
Eindruck wegen des vernachlässigten Äußern. Ich
schloß darum die Türe leise wieder und sagte zu
mir: „Nichts für uns!“ Schon wollte ich die Schwester rufen, damit sie das Mädchen wegschicke.
Plötzlich kam mir der Gedanke, daß es liebevoller
wäre, einige Fragen an es zu richten und es daraufhin zu entlassen. Ich muß zugeben, daß es, aus der

Nähe gesehen, vorteilhafter aussah. Die Züge waren sympathisch, das Lächeln angenehm, das Wesen voller Einfachheit, Offenheit und Gesundheit. Nach kurzer Überlegung änderte sich meine Voreingenommenheit, und ich fragte mich, ob es nicht besser wäre, es aufzunehmen. Das bedeutendste Hindernis war die große Armut. Es hatte nicht nur keine Mitgift (der Heilige Stuhl gibt in diesem Falle leicht Dispens), es besaß auch keinerlei Aussteuer, und wir verfügten nicht über Mittel, um sie ihm zu beschaffen. Ich riet darum, weiter zu arbeiten und einige hundert Zloty zu sparen für die Aussteuer. Das Mädchen war freudig einverstanden, und es wurde beschlossen, daß es seine Ersparnisse jeweils an der Klosterpforte abgeben werde. Daraufhin entließ ich das Kind, und die ganze Angelegenheit verschwand völlig aus meinem Gedächtnis. Ich war darum sehr erstaunt, als man mir nach einigen Monaten nach Wilna, wo ich mich damals aufhielt, schrieb, daß ein Mädchen 60 Zloty abgegeben hatte und sich auf eine Anweisung berief, die ich ihm gegeben hatte. Erst nach einigem Nachdenken erinnerte ich mich an den Besuch. Seither vermehrte sich diese Hinterlage jeden Monat, so daß nach einem Jahr einige hundert Zloty beisammen waren, ein genügender Betrag für die bescheidene Aussteuer einer Laienschwester."[8]

Man muß schon sagen – Helena hat es nicht leicht. Wie war das denn? Ist sie nicht in einer eindringlichen Vision von Jesus gerufen worden? Hat sie nicht Hals über Kopf ihr altes Leben fluchtartig zurückgelassen und ist ohne Gepäck, nur mit dem, was sie am Leib trug, nach Warschau gefahren, um in ein Kloster einzutreten? Man könnte meinen, daß eine solche direkte Berufung durch Jesus viel einfacher zu verwirklichen sei – ohne das ganze Hin und Her und ohne die Unsicherheiten und Zweifel, Mühen und Anstrengungen. Aber Helena erhält ja noch nicht einmal eine genaue Angabe, welchen Orden und welches Kloster Jesus vorgesehen hat. Sie muß erst bei fremden Menschen ein Quartier nehmen, um sich dann die Hacken abzulaufen und an den verschiedensten Türen zu klingeln, um immer wieder abgewiesen zu werden, bis sie schließlich an der Pforte der „Schwestern der Muttergottes der Barmherzigkeit" in der Zytnia-straße landet.

Hier wird sie nicht abgewiesen und kann ihr An-liegen vortragen. Und dann, als schließlich und end-lich alles stimmt und die Oberin einwilligt, Helena anzunehmen, da ergibt sich wieder eine Verzöge-rung. Mit vornehmer Diskretion schreibt sie später etwas allgemein, daß sich der endgültige Eintritt ins Kloster aus „vielen Gründen" um ein weiteres Jahr verzögert hat. Die „vielen Gründe" bestanden vor-nehmlich in ihrer Armut. Viele Klostergemein-schaften und Kongregationen verlangten zwar das Ideal (und Gelübde) der Armut von ihren Mitgliedern; aber auch ein Kloster benötigt eine wirtschaftliche Grundlage. Wer aufgenommen werden wollte, mußte deshalb eine Mitgift oder zumindest eine Aussteuer beibringen können, über die Helena nicht verfügte. Jedenfalls erhält sie die Chance, bei der Familie Lipszyc, die ihr bereits während der Suche nach einem geeigneten Kloster Obdach und Arbeit gewährt hatte, für ein Jahr als Haushaltshilfe unterzukommen und sich in dieser Zeit eine bescheidene Aussteuer zu verdienen. Frau Lipszyc erinnert sich an diese Zeit: „Helena ist mit einem Wort der Empfehlung des Chorherrn Dabrowski (...) zu uns gekommen. Alle ihre irdischen Güter hatten Platz gefunden in einem farbigen Taschentuch, das mit vier Enden zusammengeknüpft war. Sie hatte mir einen guten Eindruck gemacht: offen, gesund, fröhlich, mit dicken venezianisch-roten Zöpfen und einem gewinnenden, leicht mit Sommersprossen bedeckten Gesicht. Sie war sehr willig und wich keiner Arbeit und Verantwortung aus. Wir liebten und schätzten sie; sie gehörte zur Familie. Ihre Frömmigkeit fiel nicht auf; vielleicht nur dadurch, daß sie während der Arbeit Kirchenlieder sang. Ich wußte, daß sie ins Kloster wollte, doch hatten wir sie so lieb gewonnen, daß ihr Weggang für mich ein großer Schlag war."[9]

Helena kehrt nicht mehr nach Hause zurück. Die Eltern können sich mit ihrer Entscheidung nicht abfinden und unterstützen ihre Tochter nicht. Während der gesamten Noviziatszeit grollen sie – so sehr, daß sie sich zunächst weigern, den für die Ablegung der ersten Gelübde nötigen Taufschein zuzusenden –, aber schließlich folgen sie der Einladung ihrer Tochter und nehmen 1928 an der Ablegung der ersten feierlichen Versprechen (Profeß) teil. Als sie sehen, wie glücklich ihre Tochter ist, können sie sich mit ihrer Entscheidung versöhnen. Der Vater fragt sie: „Mein Kind, es gefällt dir also hier?" – „Papa, wie könnte ich hier traurig sein, da ich mit Jesus unter dem gleichen Dach wohne!" Der harte und fromme Stanislaw Kowalski sagt zu seiner Frau: „Wir müssen sie lassen, wo sie ist. Siehst du nicht, wie sehr sie den Herrn Jesus liebt? Lassen wir sie im Frieden. Es ist Gottes Wille."[10] Als die Mutter 1935 schwer erkrankt, erhält Schwester Faustyna die Erlaubnis, ihre Familie zu besuchen. *Es ist schwer zu beschreiben, welche Freude bei den Eltern und bei der ganzen Familie herrschte. (TB 397)* Der Kontakt zu den Geschwistern reißt auch im Kloster nicht ab. Einige von ihnen fühlen sich ebenfalls berufen, in die besondere Nachfolge Christi zu treten und bitten Helena um Rat und Beistand, besuchen sie im Kloster und halten brieflichen Kontakt, so ihre Schwester Wanda (TB 202, 982) und ihr Bruder „Stasio" (Stanislaw) (vgl. TB 1290).

Eines steht jedenfalls fest: Auch mystische Erfahrungen, auch ein inniger und vertrauter Umgang mit

Jesus, auch ein großes, kindliches Vertrauen in die Fügung und Hilfe Gottes bewahren Helena nicht vor zahlreichen Schwierigkeiten und Umwegen. Es ist nicht so, daß sie – von Visionen geführt – mit traumwandlerischer Sicherheit einen einfachen, geraden Weg geht. Viele Begebenheiten ihrer Suche erscheinen uns wunderbar und merkwürdig, – aber wir können gerade an dieser Episode ihres Lebens erkennen, daß sich ihr Weg im Grunde genommen nicht von dem Weg anderer Christen, die keine mystischen Erfahrungen machen und keine Privatoffenbarungen empfangen, unterscheidet. Mystiker zu sein, das bedeutet eben nicht, einen einfacheren, unkomplizierteren Weg des Glaubens zu gehen. Im Gegenteil: Wie man noch sehen wird, ist dieser Weg oft viel schwieriger.

Vor dem Eintritt in das Kloster der „Schwestern der Muttergottes der Barmherzigkeit" liegt also noch ein Jahr des Wartens. *In dieser Zeit mußte ich mit vielen Schwierigkeiten kämpfen. Doch Gott hat mit Seinen Gnaden nicht gespart. Eine zunehmend größere Sehnsucht nach Gott ergriff mich. (TB 15)* Frau Lipszyc, bei der sie arbeitete, mochte Helena offenbar und schmiedete ganz andere, "weltliche" Pläne für sie: *Die Person, obwohl sehr fromm, verstand nichts vom Glück klösterlichen Daseins und in ihrer Treuherzigkeit begann sie, andere Lebenspläne für mich zu schmieden, aber ich spürte, mein Herz ist so groß, daß es durch nichts gefüllt werden kann.*

(TB 15) Die Zeit des Wartens war für Helena nicht leicht, gab ihr aber andererseits die Chance, ihre überhastete, spontane Flucht nach Warschau zu überdenken und ihre Lebensentscheidung zu prüfen. So ist dieses Jahr auch ein Jahr des Reifens und Wachsens im Glauben und in der immer tieferen Einsicht, daß der spontane Aufbruch sie in die richtige Richtung geführt hat. *So wandte ich mich mit meiner ganzen sehnsuchtsvollen Seele an Gott. (TB 15)*

Im Juni 1925, ziemlich genau ein Jahr nach der Vision, die den Anstoß gab, der Berufung zum Ordensleben zu folgen, findet die Zeit der Prüfung und Reifung ein Ende. *Es war in der Fronleichnamsoktav. Gott erfüllte meine Seele mit innerem Licht, um Ihn tiefer zu erkennen als höchstes Gut und Schönheit. Ich erkannte, wie sehr mich Gott liebt. Ewig währt seine Liebe zu mir. Es war zur Zeit der Vesperandacht – in einfachen Worten, die mir aus dem Herzen flossen, legte ich vor Gott das Gelübde der ewigen Keuschheit ab. Von da an fühlte ich eine innigere Verbundenheit mit Gott, meinem Bräutigam. Von da an richtete ich eine kleine Zelle in meinem Herzen ein, in der ich mich immer mit Jesus aufhielt. (TB 16)* Helena nimmt – sozusagen auf privater Ebene im Gebet – den Eintritt ins Kloster vorweg. Am 1. August 1925 stellt sie sich erneut im Kloster vor, und diesmal wird sie angenommen. Helena steht kurz vor ihrem 20. Geburtstag[11] und ist glücklich: *Ich war überglücklich, ich hatte den Eindruck, ins Paradiesesleben eingetreten zu sein. Ein einziges Dankgebet entrang sich meinem Herzen. (TB 17)*

Bereits kurze Zeit später aber wird sie von Zweifeln geplagt: *Nach drei Wochen bemerkte ich jedoch, daß hier so wenig Zeit fürs Gebet war und für viele andere Dinge, die meiner Seele entsprachen; deshalb dachte ich daran, in einen strengeren Orden einzutreten. (TB 18).* Sie beschließt, sich an ihre Oberin zu wenden. Bevor sich dazu aber eine Gelegenheit ergibt, hat sie im Gebet eine weitere mystische Erfahrung: Jesus macht ihr deutlich, daß sie am richtigen Platz ist, an dem Platz, den er für sie ausgesucht hat. Am nächsten Tag berichtet sie während der Beichte dem Beichtvater von ihren Zweifeln und von ihrer neuen Gewißheit, und der Beichtvater bestärkt sie darin. Sie ist am richtigen Ort. *Von da an fühlte ich mich immer glücklich und zufrieden. (TB 19)*

Das Leben im Kloster (1925-1938)

Die „Kongregation der Muttergottes der Barmherzigkeit"

Helena Kowalska gehört nun zur „Kongregation der Muttergottes der Barmherzigkeit". Eine religiöse Kongregation (Vereinigung, Zusammenschluß) ist eine Art Orden. Neben dem allgemeinen Ziel der Heiligung der Mitglieder, die die Versprechen der Ehelosigkeit, der Armut und des Gehorsams ablegen, verfolgt eine Kongregation auch ein ausgesprochenes, besonderes Ziel, so z.B. Krankenpflege, Erziehungsarbeit oder Jugendarbeit. Die weiblichen Mitglieder einer Kongregation werden „Schwestern" genannt. Kongregationen gibt es seit dem 16. Jahrhundert, doch erst im 19. Jahrhundert blühten sie förmlich auf. In dieser Zeit entstanden mehrere hundert Kongregationen (meistens von Frauen). Dieses Modell war so erfolgreich, weil es modern war; mit seiner sozialen Ausrichtung und Zielsetzung war es eine Antwort auf viele Nöte der Zeit. Vom Kinderheim bis hin zu Erziehungshilfen, von der Sozialhilfe bis hin zur Krankenversicherung – das dichte Netz der sozialen Leistungen des Staates, das Menschen in Not heute auffängt, ist eine relativ neue Erfindung und steckte im 19. Jahrhundert noch ganz in den Anfängen. Hier hat die Kirche (und besonders ihre Orden) immer schon eine wichtige gesell-schaftliche Aufgabe wahrgenommen, und im 19. Jahrhundert waren Kongregationen auf bestimmte Bereiche spezialisiert.

Schwestern des Ordens von Sr. Faustyna in Rom

Auch die „Kongregation der Muttergottes der Barmherzigkeit" entstand in dieser Zeit, und zwar nach dem Vorbild französischer Ordensgemeinschaften, die im 19. Jahrhundert für schutzbedürftige, moralisch vernachlässigte Mädchen und Frauen gegründet wurden. Das erste „Haus der Barmherzigkeit" wurde am 1. November 1862 gegründet; 1935 zählte der Orden bereits 15 Häuser und 265 Mitglieder.

Die Häuser des Ordens standen jungen Mädchen und Frauen offen, die einen neuen Sinn für ihr Leben suchten und nicht selten der Prostitution und anderen Formen moralischer Vernachlässigung entfliehen wollten. Abgeschiedenheit, Anonymität, Diskretion, Arbeit und Bildungsangebote und nicht zuletzt auch eine religiöse Erneuerung schufen die Grundlage für einen Neubeginn in Würde und Achtung vor sich selbst und anderen.

Anders ausgedrückt: Helena Kowalska trat einer Gemeinschaft bei, die nicht nur das Gebet und das beschauliche Leben pflegte, sondern mit ihrer Mischung aus Berufsschule, Frauenhaus und Exerzitienangeboten auch eine wichtige soziale und gesellschaftliche Aufgabe erfüllte.[12]

Innerhalb der Kongregation gab es zwei verschiedene Gruppen von Schwestern: Die „Lehrschwestern", die die eigentliche Erziehungsarbeit leisteten, und die „Hilfsschwestern", die sich um die alltäglichen Hausarbeiten kümmerten.

Die Eingliederung in die
klösterliche Gemeinschaft

In ein Kloster einzutreten ist nicht leicht – damals nicht und heute auch nicht. Ein Leben in einer Klostergemeinschaft ist mindestens genauso hart und anstrengend wie das Leben in der Welt; es ist ein Leben, für das man geschaffen und geeignet sein muß – man muß eine Berufung haben. Wer im normalen Leben nicht zurechtkommt und der "bösen Welt" entfliehen will, der wird auch für ein klösterliches Leben nicht geeignet sein. Ein Klosterleben ist keine einfache, bequeme Fluchtmöglichkeit, sondern stellt hohe Anforderungen an den Kandidaten. Deshalb wird sorgfältig und lange geprüft, ob er mit seiner Berufung, seinen Anlagen und seinem Charakter in die Gemeinschaft hineinpaßt. Diese Prüfung geschieht beiderseitig: Der Kandidat hat die Chance, seine Entscheidung zu überdenken und zu überprüfen, und auch die Gemeinschaft prüft und entscheidet, ob sie den Kandidaten dauerhaft aufnehmen möchte. Die ersten acht (!) der insgesamt 13 Jahre, die Helena Kowalska im Kloster gelebt hat, dienten dieser Prüfung und Entscheidung. Sie vollzieht sich in mehreren Stufen, in denen der Bewerber immer mehr in die Gemeinschaft eingegliedert wird.

Am Anfang steht dabei das einjährige „Postulat", der „Postulant" ist der Bewerber, der um Aufnahme bittet. Helena Kowalska verbrachte ihr Postulat in Klöstern in Warschau und Krakau. Der nächste

Schritt ist die „Einkleidung": Am 30. April 1926 erhält Helena Kowalska aus der Hand des Bischofs das Ordensgewand und den weißen Schleier. Außerdem erhält sie den neuen Ordensnamen und heißt von nun an offiziell „Schwester Maria Faustyna". Sie trägt nun den Namen der Gottesmutter und des hl. Faustinus, eines frühchristlichen Märtyrers. An dessen Festtag, am 15. Februar, feiert Schwester Faustyna ihren Namenstag.

Helena hat diesen Ordensnamen noch um einen Zusatz erweitert, und sich „Maria Faustyna vom Allerheiligsten Sakrament" genannt. Mit dieser privaten Erweiterung ihres Namens, die wir auch in ihren Tagebüchern finden, drückt sie ihre große Verbundenheit mit dem im Sakrament der Eucharistie gegenwärtigen Herrn aus.

Schwester Faustyna ist nun „Novizin" (ein „Neuling"); die folgenden zwei Jahre der Probezeit bilden das „Noviziat". Im ersten Jahr soll die Novizin das Gebetsleben vertiefen und den Geist des Ordens besser kennenlernen. Im zweiten Jahr des Noviziats sind außerdem ein Studium oder andere Tätigkeiten im Kloster möglich. Das Noviziat endet für Schwester Faustyna am 30. April 1928 mit der „Profeß". „Professio" heißt „öffentliches Gelübde", und genau darin besteht auch die Profeß: Schwester Faustyna legt vor dem Bischof die Gelübde der Ehelosigkeit, der Armut und des Gehorsams ab. Der Bischof überreicht ihr ein Kruzifix,

49

einen Gürtel mit Rosenkranz und den schwarzen Schleier. Das Gelübde wird zunächst nur für ein Jahr abgelegt und muß in den nächsten fünf Jahren jeweils erneuert werden. Auch in dieser Zeit hat die Professin die Möglichkeit, die Kongregation wieder zu verlassen, und auch die Gemeinschaft kann beschließen, sich wieder von ihr zu trennen. Schwester Faustyna aber ist sich ihrer Berufung sicher. Und so kann sie sich dauerhaft der Kongregation anschließen: Am 1. Mai 1933 legt sie die „ewigen Gelübde" ab. Bischof Rospond reicht ihr eine brennende Kerze und spricht dabei die Worte: *Nimm diese Kerze in die Hand zum Zeichen der himmlischen Erleuchtung und der entzündeten Liebe. (TB 248)* Anschließend überreicht der Bischof ihr einen Ring und sagt: *Ich vermähle dich mit Jesus Christus, dem Sohn des Allerhöchsten Vaters, der dich unversehrt erhalten möge. Nimm diesen Ring zum Zeichen des ewigen Bundes, den du mit Christus, dem Bräutigam der Jungfrauen, eingehst. Er soll dir ein Ring des Glaubens sein, ein Zeichen des Heiligen Geistes, um Braut Christi zu heißen und wenn du Ihm in Treue dienst, für ewig gekrönt zu werden. (TB 248)*

Stationen auf dem klösterlichen Lebensweg
Die gesellschaftlichen Unterschiede, die im Polen der Vorkriegszeit noch besonders ausgeprägt waren, reichten auch tief in die fromme Schwesterngemeinschaft hinein. Schwester Faustyna, die ja

aufgrund ihrer Armut Schwierigkeiten hatte, überhaupt in ein Kloster aufgenommen zu werden, hatte keine Chance, zu den Lehrschwestern gerechnet zu werden. Eine "Karriere" im Kloster, die Übernahme von wichtigen Ämtern und Leitungsfunktionen, kam für sie nie in Frage.

Sie gehörte innerhalb der Klostergemeinschaft zur Gruppe der „Hilfsschwestern" oder „Laienschwestern", vornehmer ausgedrückt: zum „zweiten Chor". Den Hilfsschwestern oblag die Sorge für die Verrichtung der notwendigen täglichen Arbeiten. Auf diese Weise trugen sie dazu bei, die Vorraussetzung für das soziale und geistliche Engagement der Kongregation zu schaffen. Das bedeutet konkret: harte körperliche Arbeit. Schwester Faustyna verbringt die meiste Zeit im „Räderwerk der Schwerarbeit" (Maria Winowska) und nicht mit endlosen Stunden müßiger Betrachtung und Meditation (oder wie man sich sonst ein Klosterleben vorstellen mag ...).

Die „Kongregation der Muttergottes der Barmherzigkeit" unterhielt viele verschiedene Klöster. Schwester Faustyna wurde häufig versetzt. Die Oberin antwortete einmal auf die Frage einer Mitschwester, warum man Schwester Faustyna „von einem Haus ins andere schiebe" mit der lapidaren Feststellung: „Man wechselt die einen wegen ihres schlechten Charakters aus, bei anderen sieht man sich gezwungen dazu. Es ist nicht leicht, Schwestern zu finden, die sich ohne Murren und Auflehnung verset-

zen lassen!"[13] Schwester Faustyna murrte nie und
wurde, manchmal nur für kurze Zeit und zur Aushil-
fe, in ein anderes Kloster versetzt. Durch die häufigen, manchmal nur ein oder zwei Wochen währen-
den Ortswechsel wird eine chronologische Beschreibung der äußeren Lebensstationen von Schwester
Faustyna recht unübersichtlich. So wollen wir uns
hier darauf beschränken, die wichtigsten Umstände
kurz zu skizzieren:

Zunächst arbeitete Schwester Faustyna in der
Küche des Klosters in Warschau, ab 1930 für gut
eineinhalb Jahre im Kloster in Plotzk in der Back-
stube, in der Küche und im Laden der Bäckerei.
1932 finden wir sie wieder im Kloster von Warschau, wo sie im Bekleidungslager arbeitet. Im Mai
1933 wird sie nach Vilnius[14] versetzt und bleibt dort
fast drei Jahre. *Kleine, zerstreut liegende Hütten bilden das
Kloster. Es kommt mir seltsam vor nach den Gebäuden in Jo-
sefow. Nur achtzehn Schwestern sind hier, ein kleines Haus,
aber ein großes gemeinsames Zusammenleben. (TB 261)*
1936 kehrt sie aus Vilnius zurück. In schneller Folge
wechselt sie ihren Aufenthaltsort; nach vier Wochen
kommt sie schließlich nach Derdy. In ihren letzten
Lebensjahren, in denen sie an der Pforte und im
Garten arbeitete, kehrt sie nach Krakau zurück, wo
sie am 5. Oktober 1938 stirbt.

Das Tagebuch der Schwester Faustyna

Wer Schwester Faustyna zu ihren Lebzeiten begegnete, der erlebte eine ganz gewöhnliche, freundliche, heitere, arbeitsame und bescheidene Schwester. Selbst ihre Mitschwestern im Kloster wußten in der Regel nicht um ihre mystischen Erfahrungen. Schwester Faustyna hat zu Lebzeiten nur ganz wenige Personen – ihre Beichtväter sowie ihre Oberin – in ihr Geheimnis eingeweiht. Erst nach ihrem Tod wurde ihre Geschichte in der Öffentlichkeit bekannt, und zwar vor allem durch ihre Tagebücher. Es handelt sich um sechs Hefte mit insgesamt 477 handbeschriebenen Blättern.[15]

Diese Tagebücher verfaßte Schwester Faustyna im Auftrag ihrer Beichtväter. Einer von ihnen ist Professor Sopocko, der im Priesterseminar und an der Universität in Vilnius tätig war. Der vielbeschäftigte Priester erinnerte sich später: „Ich hatte nicht die Zeit, ihre langen Mitteilungen im Beichtstuhl anzuhören, da empfahl ich ihr, alles in einem Heft aufzuschreiben und mir dieses von Zeit zu Zeit zum Durchsehen zu geben. So entstand das Tagebuch …" (TB S. 7, Anm. 3). Schwester Faustyna ist sich aber auch bewußt, mit den Aufzeichnungen einen Auftrag des Herrn zu erfüllen: *Du hast die Aufgabe, alles aufzuschreiben, was Ich dich über Meine Barmherzigkeit erkennen lasse und zwar zum Nutzen der Seelen, die diese Schrift lesen. Sie erfahren in ihrer Seele Trost und Mut, sich Mir zu nähern. Deshalb ist es*

Mein Wunsch, daß du alle Freizeit dem Schreiben widmest.
(TB 1693) Die „Sekretärin", wie Jesus sie nennt, hat
es nicht immer leicht: *Jesus, du siehst, wie schwer es mir*
fällt, zu schreiben, wie ich das nicht klar auszudrücken ver-
mag, was ich in meiner Seele erfahre. O Gott, kann eine Fe-
der beschreiben, was manchmal keine Worte enthält? Aber
du befiehlst zu schreiben, o Gott, das genügt mir. (TB 6)

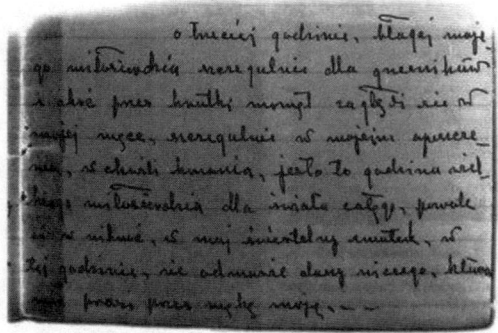

Tagebuch-Aufzeichnungen der Schwester Faustyna

Das dritte Heft der Tagebuchaufzeichnungen beginnt ebenfalls mit einem Hinweis auf den Willen Gottes und die Anweisung der Beichtväter: *O Herr und mein Gott, Du befiehlst mir, über die Gnaden zu schreiben, die Du mir erteilst. O mein Jesus, ohne die deutliche Anweisung der Beichtväter, niederzuschreiben, was in meiner Seele vorgeht, würde ich aus mir selbst nicht ein einziges Wort schreiben. Daß ich aber über mich schreibe, geschieht aufgrund deutlicher Anweisung im heiligen Gehorsam. (1.3.1937, TB 1006)*

Am 28. Juli 1934 beginnt Schwester Faustyna mit ihren Aufzeichnungen; die letzten datierten Eintragungen stammen aus dem Juni 1938. Wenn sich auch ihre mangelhafte Schulbildung in vielen orthographischen Fehlern niederschlägt, so fasziniert den Leser doch ein klarer, bestimmender, unprätentiöser Stil. Manches wirkt fragmentarisch, aber Schwester Faustyna hatte wenig Gelegenheit zu sorgfältigen Kompositionen. Von morgens bis abends mit schwerer Hausarbeit beschäftigt, hatte sie nur wenige freie Minuten und fand kaum Zeit zu schreiben.

Schwester Faustyna waren die Schriften großer Mystiker unbekannt, sie besaß nicht einmal ein Meßbuch, sondern lediglich eine Ausgabe des Neuen Testaments. Umso erstaunter nimmt man Texte von großer geistlicher Tiefe aus ihrer Feder wahr – Texte, die man zumindest in die Nähe großer mystischer

Literatur rechnen muß. Manche Passagen erinnern an Texte von Johannes vom Kreuz („Dunkle Nacht

Schwester Faustyna Kowalska

der Seele"), Theresia von Avila („Die innere Burg")
oder Theresia von Lisieux („Geschichte einer Seele"), die sie verehrte (z.B. TB 56) und mit der sie
nicht nur der „kleine Weg" der täglichen Liebe und
der „geistigen Kindschaft" verband: Sie litt und
starb an derselben Krankheit, und es kann sogar eine gewisse äußerliche Ähnlichkeit festgestellt werden. Ihre erste große Biographin, Maria Winowska,
urteilt über ein Portrait aus dem Jahre 1934: „Bestimmt ist sie nicht, was man eine bäuerliche
Schönheit nennt. Schon zeichnet die Krankheit, die
sie in vier Jahren dahinraffen wird, ihre Züge. Die
eher blasse Gesichtshaut ist „wie durch ein Sieb ge-
bräunt", schreibt drollig eine Schülerin: also übersät
mit Sommersprossen. Die schönen, venezianisch-
roten Haare sind durch die Haube verdeckt. Die
graugrünen Augen zeigen ein eigenartiges Leuchten. (…) Die Züge sind regelmäßig – bis auf den
Mund: er ist etwas zu groß, eigenwillig, von starken
Kiefern und einem Kinn eingerahmt, das von einer
unbezähmbaren Tatkraft zeugt. Der untere Teil des
Gesichts gleicht auffallend dem der heiligen Theresia von Lisieux. Beide sind nachträglich um eines
gefälligeren Aussehens willen „zugerichtet" worden, sehr zum Nachteil der Wahrhaftigkeit …"[16]

Das Tagebuch ist bunt und vielfältig. Schwester
Faustyna schreibt über ihre Erlebnisse, vor allem
über ihr inneres, geistliches Leben, über ihren

Glauben und ihre mystischen Erfahrungen und Eingebungen. Wenn wir diese Texte heute lesen, wirken sie manchmal fremd. Wir dürfen nicht vergessen, daß die Sprache und die Bilder, die Schwester Faustyna gebraucht, beeinflußt sind durch ihre Erziehung und ihre Lektüre, aber auch durch die Gebetskultur, in der sie groß geworden ist und die sie gepflegt hat. Die Form und Sprache des Betens unterliegt der Veränderung. Das kann man leicht feststellen, wenn man ein älteres Gebetbuch mit uns altertümlich erscheinenden Gebeten und Andachten aufschlägt. Schwester Faustyna war in der Form ihres Betens und ihrer Sprache genauso ein Kind ihrer Zeit, wie wir es heute sind, und schließlich fällt Gottes Offenbarung nicht fertig gedruckt vom Himmel, sondern wird durch einen Menschen und dessen Sprache kundgetan und aufgeschrieben – wie es ja auch bei den Texten der Heiligen Schrift geschehen ist. Wenn man diesen Hintergrund berücksichtigt, fällt es leichter, sich den manchmal fremd anmutenden Texten von Schwester Faustyna zu nähern.

Neben der Beschreibung mystischer Visionen und Eingebungen findet man eigene Gedanken, Meditationen, Inhalte von geistlichen Vorträgen oder priesterlichen Ratschlägen, aber auch selbst verfaßte Gebete und Gedichte. Für einen ersten Eindruck mögen folgende Beispiele genügen:

Tiefere Erkenntnis Gottes und Entsetzen der Seele (1934):

Am Anfang gibt Gott sich zu erkennen als Heiligkeit, Gerechtigkeit, Güte, – also als Barmherzigkeit. Die Seele erkennt nicht alles auf einmal, aber in einzelnen Erleuchtungen bzw. Annäherungen Gottes. Diese dauern nicht lange an, denn solches Licht wäre nicht zu ertragen. Während des Betens erfährt die Seele einen Schein von diesem Licht, durch das es ihr unmöglich wird, auf bisherige Weise zu beten. Alle Mühe und Anstrengung, um so zu beten wie zuvor, bleibt vergeblich: es wird völlig unmöglich, weiter so zu beten wie vor dem Empfang dieses Lichts. Das Licht, von dem die Seele berührt worden ist, lebt in ihr, und nichts kann es betäuben oder verdunkeln. Der Schimmer der Erkenntnis Gottes zieht die Seele an und entfacht die Liebe zu Ihm. Der gleiche Schimmer gibt der Seele aber gleichzeitig zu erkennen, was sie ist, und sie sieht ihr ganzes Inneres in einem höheren Licht; sie erhebt sich mit Entsetzen und Angst. Sie verbleibt jedoch nicht in diesem Entsetzen, sondern beginnt sich zu reinigen, zu demütigen und zu erniedrigen vor dem Herrn; und die Lichter werden um so stärker, zahlreicher und durchdringender, je mehr die Seele sich reinigt. Wenn die Seele treu und tapfer die ersten Gnaden beantwortet, erfüllt Gott sie mit Seinen Tröstungen und läßt Sich spürbar erfahren. Die Seele erfährt zuweilen eine Art innigen Umgangs mit Gott und freut sich außerordentlich; sie meint, die vorgegebene Stufe der Vollkommenheit bereits erreicht zu haben, denn Fehler und Mängel sind in ihr eingeschläfert; sie meint, keine mehr zu haben. Nichts kommt ihr schwierig vor, zu allem ist sie bereit. Sie beginnt, sich in Gott zu versenken und Seine Wonne zu genießen. Sie wird von der Gnade getragen und ist sich dessen nicht bewußt, daß eine Zeit der Probe und Prüfung auf sie zukommen kann. (TB 95)

Gute Vorsätze (1933):

Besondere Vorsätze aus den Exerzitien
Nächstenliebe – erstens: Dienstbereitschaft den Schwestern gegenüber; zweitens: über Abwesende nicht reden und die Ehre des Nächsten verteidigen; drittens: über des Nächsten Erfolg sich freuen. (TB 241)

Kritik durch Vorgesetzte (1934):

Einmal rief mich eine der älteren Mütter zu sich und ließ wie aus heiterem Himmel ein Donnerwetter auf mich herab, so daß ich nicht wußte, worum es ging. Bald wurde mir jedoch klar, daß es dafür war, was von mir gar nicht abhängt. Sie sagte mir: „Schlagen Sie sich aus dem Kopf, Schwester, daß Jesus mit Ihnen so vertrauten Umgang haben sollte, mit einer so Elenden und so Unvollkommenen. Jesus hat nur mit heiligen Seelen Umgang, merke es dir." Ich bestätigte, daß sie völlig im Recht sei, denn ich sei elend, aber trotzdem vertraue ich auf Gottes Barmherzigkeit. Als ich dem Herrn begegnete, demütigte ich mich und sagte: „Jesus, angeblich pflegst Du mit solch Elenden keinen Umgang?" – „Sei getrost, meine Tochter – eben durch solches Elend will Ich die

Macht Meiner Barmherzigkeit offenbaren." Ich begriff, daß
die Mutter mich nur demütigen wollte. (TB 133)

Auszug aus einem längeren Gebet (1937):

Hilf mir, Herr, daß meine Hände barmherzig und voll guter
Taten sind, damit ich meinem Nächsten nur Gutes tue und
schwierigere, mühevolle Arbeit auf mich nehme.
Hilf mir, daß meine Füße barmherzig sind, daß sie meinen
Nächsten immer zu Hilfe eilen und die eigene Mattigkeit
und Ermüdung beherrschen. Meine wahre Rast ist im
Dienst am Nächsten. (TB 163)

Anfang eines längeren Gedichtes (1937):

Durch Dunkel und Schatten der Nacht,
Steuert einsam mein Lebensschiff.
Ich treibe auf offenem Meer,
Und sehe kein Land und kein Riff.
Der kleinste Sturm kann mich versenken,
Mich bringen auf des Meeres Grund.
Würdest nicht Du, o Gott, mich lenken,
Jede Minute – zu jeder Stund. (TB 1322)

Im Gespräch mit Jesus (1937):

8.1. Am Freitagmorgen, als ich in die Kapelle zur heiligen Messe ging, erblickte ich plötzlich mitten auf dem Bürgersteig einen Wacholderstrauch und in ihm eine fürchterliche Katze, die bissig auf mich schaute und mir den Weg in die Kapelle verwehrte. Ein Seufzer des Namens Jesu verscheuchte alles. Ich opferte den ganzen Tag für sterbende Sünder auf. Während der heiligen Messe spürte ich ganz besonders die Nähe des Herrn und sagte zu Ihm: „Jesus, ich möchte Dir so gerne etwas sagen." Der Herr sah liebevoll auf mich und fragte: „Und was wünschest du Mir zu sagen?" – „Jesus, ich bitte Dich, kraft Deiner unbegreiflichen Barmherzigkeit, daß alle Seelen, die heute sterben, vor dem Feuer der Hölle bewahrt bleiben, auch wenn es die größten Sünder wären. Heute ist Freitag, der Gedenktag Deines bitteren Todes am Kreuz. Weil aber Deine Barmherzigkeit unbegreiflich ist, werden die Engel sich darüber nicht wundern." – Jesus drückte mich an Sein Herz und sagte: „Geliebte Tochter, du hast die Tiefe Meiner Barmherzigkeit gut erkannt. Ich werde tun, wie du bittest, aber vereinige dich ohne Unterlaß mit Meinem sterbenden Herzen und leiste Meiner Gerechtigkeit Genugtuung. Wisse, daß du Mich um eine große Sache gebeten hast; aber ich sehe, daß sie dir die reine Liebe zu Mir diktiert hat, deshalb komme Ich deiner Forderung entgegen." (TB 873)

Anfang eines längeren Gedichtes (1937):

Obgleich es nicht leicht fällt, in ständiger Agonie zu leben,
Ans Kreuz verschiedenster Leiden genagelt,
Und doch bin ich in der Hingabe von Liebe entzündet,
Gleich Seraphim liebe ich Gott, auch wenn ich nur
Ohnmacht bin.

Groß ist die Seele, die mitten im Leiden
Treu zu Gott steht und Seinen Willen tut.
In Ruhe und Stürmen kennt sie keinen Trost,
Denn reine Liebe Gottes süßt ihr Geschick. (TB 995)

Der Alltag einer „Hilfsschwester"

Bislang haben wir nur die äußeren Stationen des klösterlichen Lebenswegs von Schwester Faustyna skizziert. Nun ist es an der Zeit, vor allem mit Hilfe ihres Tagebuchs dieses äußere Gerüst zu füllen und ihr Leben, ihre Erfahrungen und ihren Glaubensweg näher zu betrachten.

Alltag

Es gibt eine gewisse Versuchung, der zahlreiche biographische Schriften und Portraits über Schwester Faustyna erliegen. Es ist die Versuchung, die großen, mystischen Erlebnisse, die im Zusammenhang mit ihrer ganz besonderen Mission stehen, einseitig zu betonen. Wir werden in dem Kapitel „Der Auftrag von Schwester Faustyna" auf ihre besondere Mission zurückkommen. Doch es ist ebenso wichtig, auch den Alltag von Schwester Faustyna zu betrachten, denn gerade ihre tägliche Arbeit, ihre Gebets- und Glaubenspraxis, aber auch ihre Schwierigkeiten und die Zeit ihrer Krankheit können uns einen ganz unmittelbaren Zugang zu dieser ungewöhnlichen Frau erschließen.

Da ist zunächst ein Charakterzug, der uns schon früher aufgefallen ist, nämlich ein großes, kindliches Gottvertrauen: Jesus sorgt für mich – und zwar nicht nur an den großen, entscheidenden Wendepunkten des Lebens, sondern auch und gerade in den kleinen Dingen des Alltags. Das ist wie eine Überschrift über dem Leben von Schwester Faustyna. In diesem Grundvertrauen hat sich die 18-Jährige ohne Gepäck, ohne konkretes Ziel und ohne einen Ansprechpartner vor Ort in den Zug nach Warschau gesetzt, um in ein Kloster einzutreten, das sie noch gar nicht kannte. Dieses Vertrauen begleitet sie auch in ihrem Klosteralltag. Da soll sie zum Beispiel nach Walendow reisen, um dort an einem Exerzitienkurs teilzunehmen. Es gibt aber Schwierigkeiten, eine andere Schwester ist dagegen, und die geplante Reise droht ins Wasser zu fallen.

Nach dem Mittagessen ging ich zu einer fünfminütigen Anbetung. Ich erblickte Jesus, Der zu mir sagte: „Meine Tochter, Ich bereite dir viele Gnaden vor, die du während der Exerzitien erhalten wirst, die du morgen beginnst." Ich entgegnete: „Jesus, die Exerzitien haben bereits begonnen und ich soll nicht hinfahren." Jesus sagte: „Bereite dich darauf vor, daß du morgen die Exerzitien beginnst, und Ich werde deine Fahrt mit den Oberinnen erledigen." Plötzlich war Jesus verschwunden. Ich begann, zu überlegen, wie das sein wird. Doch im nächsten Moment schob ich alle Überlegungen beiseite, und die kurze Zeit widmete ich dem Gebet zum Heiligen Geist um Erleuchtung, damit ich das ganze Elend erkenne, das ich bin. Kurz danach ging ich aus der Kapelle zu meiner Tätigkeit. Nach kurzer Zeit rief mich die Generaloberin zu sich und sagte: „Schwester, heute noch fahren

Sie mit der Mutter Waleria nach Walendow, um gleich morgen mit den Exerzitien zu beginnen. Es hat sich gut gefügt, daß Mutter Waleria da ist, so könnt ihr zusammen fahren." In knapp zwei Stunden war ich schon in Walendow. Ich besann mich ein wenig und erkannte, daß nur Jesus

Altar in der neuen Kirche des Klosters
von Schwester Faustyna

Angelegenheiten so erledigen kann. (TB 167) Vielleicht wird man sich fragen: Warum hat Jesus ihr die versprochenen Gnaden nicht einfach so geschenkt, ohne die umständliche Fahrt nach Walendow? Nun, ganz offensichtlich verlaufen seine Wege anders, als wir denken. Aber eines wird deutlich: Jesus scheut sich nicht, sich persönlich um die vermeintlichen Kleinigkeiten unseres grauen Alltags zu kümmern. Wir müssen ihn nur bitten.

Dies wird immer wieder deutlich. So schreibt Schwester Faustyna während eines anderen Exerzitienkurses: *Eben fragte mich Jesus: „Mein Kind, was machen die Exerzitien?" – Ich entgegnete: „Jesus, Du weißt doch, was sie machen." „Ja, ich weiß es, doch Ich will es aus deinem Munde und aus deinem Herzen hören." (TB 295)* Nichts ist zu schade, zu klein, zu wertlos, zu unspektakulär, um es Jesus im Gebet anzuvertrauen. *Heute sprach der Herr zu mir: „Meine Tochter, man sagt Mir, daß du viel Schlichtheit besitzt. Also warum sagst du Mir dann nicht alles, was dich betrifft? – sogar die kleinsten Einzelheiten? Sage Mir alles. Wisse, daß du mir damit große Freude bereitest." – Ich entgegnete: „Du weißt doch alles, Herr." – Darauf sagte Jesus: „Ja, Ich weiß alles; aber du entschuldige dich nicht damit, daß Ich alles weiß, sondern rede zu Mir über alles mit der Einfalt eines Kindes, denn Mein Ohr und Mein Herz sind dir zugeneigt und deine Sprache mir lieb." (TB 921)*

Mit dem Begriff „Kloster" assoziiert man häufig einen beschaulichen, idyllischen Ort. Und ist ein Mystiker nicht gerade an einem solchen Ort am be-sten aufgehoben? An einem Ort der Stille und Einkehr, an einem Ort des Gebets und der Besinnlichkeit – an einem Ort also, der mit unserem lärmenden, hektischen, betriebsamen Alltag so gar nichts gemein hat? Und hat sich Schwester Faustyna nicht nach einem solchen Ort gesehnt? Wollte sie nicht kurz nach ihrem Eintritt die Kongregation wieder verlassen, um einen strengeren, asketischeren Orden aufzusuchen? Aber sie beugt sich dem Willen Gottes und bleibt in diesem konkreten Klosterleben als Hilfsschwester, bleibt in einem lärmenden, hektischen, betriebsamen Alltag, der sich – betrachtet man ihn aus dieser Perspektive – mit seinen konkreten Arbeiten gar nicht so sehr von unserem Alltag unterscheidet. Aber Schwester Faustyna gelingt ein kleines Wunder: Sie vermag ihren arbeitsamen Alltag zu einem Alltag des Gebets zu machen. Inmitten von Pfannen und Töpfen, beim Unkrautjäten, beim Backen und Kochen, an der Ladentheke (im Haus in Plotzk wurden Backwaren verkauft) und an der Pforte im Gespräch mit Hilfesuchenden, aber auch Betrunkenen, Bettlern und randalierenden Arbeitslosen verwandelt sie ihr Tun und ihre Arbeit in ein beständiges Gebet und versucht, in der Gegenwart Gottes zu leben. Und plötzlich kommt uns diese Klosterschwester ganz nahe und zeigt uns den Weg der Liebe zu Gott und zum Nächsten im Alltag. Es ist der Weg einer Theresia von Lisieux, von der das Wort stammt: „Auch nur eine Stecknadel aus Liebe aufzuheben, kann einen Sünder bekehren." Es ist der Weg der Heiligung des Alltags, der Weg eines Josemaría Escrivá. Nichts ist zu klein und zu wertlos, jede Arbeit, jedes Geschäft, jedes Handwerk, jede Verrichtung kann ich auch aus Liebe verrichten und sie dadurch zum Gebet und wertvoll in den Augen Gottes machen.

Eine Begebenheit aus der Küche macht den Wert der täglichen Hausarbeit vor Gott deutlich. Lebhaft schildert Schwester Faustyna: *Im Noviziat war ich anfangs darüber sehr betrübt, daß mich die Novizenmeisterin für die „Kinderküche" bestimmt hatte, denn ich kam mit den Töpfen nicht zurecht, weil sie riesig groß waren. Am schlimmsten war es, Kartoffeln abzugießen; manchmal fiel mir die Hälfte aus dem Topf. Als ich es der Novizenmeisterin sagte, meinte sie, ich würde mich langsam daran gewöhnen und es einüben. Die Schwierigkeit ließ jedoch nicht nach, weil meine Kräfte sich mit jedem Tag verringerten, und wegen fehlender Kraft entfernte ich mich, wenn es zum Kartoffelabgießen kam. Die Schwestern bemerkten, daß ich mich vor dieser Tätigkeit drückte und wunderten sich sehr; sie wußten nicht, daß ich einfach nicht helfen konnte, trotz Eifer und Selbstüberwindung. Mittags, bei der Gewissenserforschung, beklagte ich mich bei Gott über die mangelnde Kraft. Da hörte ich in meiner Seele die Worte: „Ab heute wird es dir sehr leicht fallen. Ich werde deine Kräfte stärken." Am Abend, als die Zeit des Kartoffelabgießens kam, eilte ich als erste im Vertrauen auf die Worte des Herrn. Mit Leichtigkeit ergriff ich den Topf und goß die Kartoffeln ganz gut ab. Als ich aber den Deckel abnahm, um die Kartoffeln ganz abdampfen zu lassen, erblickte ich, statt der Kartoffeln, ganze Bündel roter Rosen im Topf, so schön, daß es schwerfällt, sie zu beschreiben. Noch nie hatte ich solche gesehen. Ich wunderte mich sehr und verstand ihre Bedeutung nicht, aber da hörte ich in meiner Seele die Stimme: „Deine schwere Arbeit verwandle Ich in schönste Blumensträuße, deren Duft*

*bis zu meinem Thron aufsteigt." Von da an bemühte ich
mich, nicht nur in der Woche, die mir zum Kochen bestimmt
war, Kartoffeln abzugießen, sondern ich versuchte auch während der Wochen anderer Schwestern, ihnen diese Tätigkeit
abzunehmen. Aber nicht nur bei dieser Arbeit, sondern bei
jeder schweren Arbeit bemühte ich mich als erste zu Hilfe zu
kommen, weil ich erfahren hatte, wie sehr das Gott gefällt.*
(TB 65) Eine Mitschwester erinnert sich später an
dieses Ereignis: „Gegen Ende des Noviziats hatte
Schwester Faustyna große Mühe, das Wasser von
den Kartoffeln abzuschütten, und ich versuchte, ihr
beizustehen. Eines Tages sagte sie: „Heute will ich
es allein versuchen." Ungläubig blieb ich neben ihr,
für den Fall, daß sie doch meiner Hilfe bedurfte.
Ich sah aber, daß sie den Kessel hob wie eine Feder
und ihn mühelos wieder abstellte. Als sie aber den
Deckel wegnahm, zeigte sich auf ihrem Gesicht ein
Zug des Staunens. Erst heute, zwanzig Jahre nach
ihrem Tod, begreife ich den Grund dafür. Sie sah
Rosen, ich selbst aber nur Kartoffeln."[17] Auch hier
wird wieder deutlich, wie Gott in unserem Alltag
handelt. Natürlich kann man sagen: Wie umständ-
lich! Hätte Gott die schwache Schwester nicht einfach in einem anderen Bereich einsetzen können?
Das wäre sicher eine Möglichkeit gewesen. Gott
hätte die Welt auch so einrichten können, daß niemand mehr essen muß und niemand mehr in der
Küche arbeitet. – Aber unsere Welt ist so, wie sie
ist. Spekulationen über andere mögliche Welten

helfen uns nicht; wohl aber das Vertrauen, daß unsere alltägliche Arbeit nicht wertlos ist, sondern daß wir sie in wirklichen, wahren Gottesdienst verwandeln können, wenn wir versuchen, sie aus Liebe zu Gott zu verrichten: *Gott gab mir zu erkennen, worauf wahre Liebe beruht und schenkte mir Erleuchtung, wie ich sie Gott im Alltag erweisen soll. Wahre Liebe zu Gott beruht auf der Erfüllung Seines Willens. Um Gott Liebe in Taten zu erweisen, müssen alle, auch unsere kleinsten Taten, aus Liebe zu Ihm hervorgehen. (TB 279)*

Diese Liebe wird auch deutlich, wenn es um die tägliche Arbeit für andere und mit anderen Schwestern geht. Das ist – wie bei uns – nicht immer einfach: *Während der ganzen Probation war es meine Pflicht, der Schwester im Bekleidungsraum zu helfen. Diese Tätigkeit bot mir viel Gelegenheit, mich in Tugenden zu üben. Manchmal mußte ich zu gewissen Schwestern dreimal mit Wäsche gehen und konnte es nicht recht machen. Aber ich lernte auch große Tugenden mancher Schwestern kennen, die immer baten, ihnen die ärmlichsten Sachen aus dem Bekleidungsraum zu geben. (TB 179)* Gelegenheiten, Nächstenliebe zu üben, sind reichlich vorhanden. Und kommt uns so etwas nicht bekannt vor? *Heute putzte ich das Zimmer einer Schwester. Obgleich ich mich bemühte, es mit Sorgfalt zu tun, ging die Schwester die ganze Zeit hinter mir her und sagte: „Hier ist ein Stäubchen, da noch ein Fleck am Boden." Auf jeden Wink besserte ich dasselbe, wenn auch zehnmal, nach, um sie nur zufrieden zu stellen. Nicht die Arbeit quälte, sondern diese unbeherrschten Reden und Ansprüche. Meine ganztägige Quälerei reichte ihr nicht aus, sie ging noch zur Novizenmeisterin mit einer Anklage. „Mutter, was ist das für eine ungründliche Schwester, sie kann sich nicht beeilen." Am nächsten Tag ging ich die gleiche Arbeit verrichten, ohne ein Wort der Erklärung. Als sie mich wieder schikanierte, dachte ich bei mir: „Jesus, man kann auch eine stille Märtyrerin sein."* Man sieht: Echte "Drachen" gibt es auch im Kloster. Schwester Faustyna beschließt ihren Bericht mit der Erkenntnis, *daß manche Personen eine besondere Gabe besitzen, anderen zuzusetzen. Sie schikanieren, wie sie nur können. Arm ist die Seele, die in ihre Hände gerät. Es hilft nichts, da werden die besten Dinge umgekrempelt. (TB 181)* Wer von uns hat nicht schon ähnliche Erlebnisse gehabt?

In den letzten Jahren ihres Lebens arbeitet Schwester Faustyna an der Klosterpforte. Es ist keine einfache Aufgabe. Eine Wirtschaftskrise nimmt 1937 vielen Menschen die Arbeit, revolutionäre Parolen werden laut, sie richten sich auch gegen die Kirche und die vermeintlich reichen Klöster. Tausende von Arbeitslosen ziehen von Tür zu Tür. Voller Mitgefühl und echter Anteilnahme behandelt Schwester Faustyna jeden, der mit einem Anliegen kommt. Als sie einmal ein Mädchen, das um Aufnahme in die Erziehungsanstalt der Kongregation bat, wegen Platzmangels abweisen muß, zerbricht es ihr schier das Herz. *Als sie fortging, übte ich eine der schwersten Abtötungen. Beim nächsten Mal werde ich eine solche Seele nicht wieder gehen lassen. Drei Tage litt ich viel für diese Seele. Ich bedaure sehr, daß unsere Anstalten so klein sind und nicht größere Zahlen solcher Seelen beherbergen können. Mein Jesus, Du weißt, wie ich um jedes verirrte Schäflein leide ... (TB 1305)*

Der liebevolle Einsatz für Hilfesuchende, ihr kluger, taktvoller und freundlicher Umgang mit Arbeitslosen und Bettlern wird einmal auf ungewöhnliche Weise gewürdigt. *Heute kam Jesus in der Gestalt eines armen Jünglings an die Pforte, ein abgezehrter, junger Mann in arg zerrissener Kleidung, barfuß, ohne Kopfbedeckung, durchfroren, denn der Tag war kalt und naß. Er bat um etwas warmes Essen. Ich ging in die Küche, aber da war nichts für die Armen. Nach einigem Suchen fand sich noch ein wenig Suppe. Die wärmte ich auf, bröckelte etwas Brot hinein und reichte sie diesem Armen, der sie aufaß. Im Augenblick, als ich ihm den Becher abnahm, gab er sich als Herr des Himmels und der Erde zu erkennen. Als ich Ihn sah, wie Er ist, entschwand er meinen Blicken. Zurückgekehrt in die Wohnung, überlegte ich, was an der Pforte geschehen war. Da hörte meine Seele die Worte: „Meine Tochter, Mir waren die Segenswünsche der Armen zu Ohren gekommen; sie kamen von der Pforte und lobten Mich. Deine Barmherzigkeit im Rahmen des Gehorsams gefiel Mir, und Ich verließ meinen Thron, um die Frucht deiner Barmherzigkeit zu kosten. (TB 1312)* Wer denkt bei dieser wunderbaren Erfahrung nicht an das Wort des Herrn im Matthäusevangelium: „Kommt her, die ihr von meinem Vater gesegnet seid, nehmt das Reich in Besitz, das seit der Erschaffung der Welt für euch bestimmt ist. Denn ich war hungrig, und ihr habt mir zu essen gegeben ... Was ihr für einen meiner geringsten Brüder getan habt, das habt ihr mir getan." (Mt 25,31-46) Die Erfahrung der Schwester Faustyna ist wie eine Illustration dieses Evangeliums; wie in einem Brennpunkt werden hier die alltäglichen Bemühungen von Schwester Faustyna um eine lebendige Gottes- und Nächstenliebe gebündelt. Eine Mitschwester schreibt später über das alltägliche Klosterleben von Schwester Faustyna: „Von außen konnte man ihr außergewöhnliches, mystisches Leben nicht erraten. Ihre Mitschwestern erinnerten sich noch nach vielen Jahren, wie gewissenhaft sie sich in ihren Pflichten erwies. Die Ordensregel hielt sie treu ein. Sie war immer in sich gekehrt, schweigend, mit Jesus vereint, dabei aber ungezwungen, fröhlich, einfach, vernünftig, im Kontakt mit anderen Menschen voll Zartheit, Freundlichkeit und Nächstenliebe."[18]

Leben für andere

Es gibt verschiedene äußere Formen des geistlichen Lebens. Eine Ordensfrau lebt ihren Glauben im Alltag anders als eine Mutter von vier Kindern. Ein Jesuit pflegt eine andere äußere Form der Frömmigkeit als ein Kapuziner. Manche Formen des geistlichen Lebens sind zeitbedingt und unterliegen kulturellen Einflüssen. Es gibt in der Kirche eine bunte Vielfalt, und jeder Christ kann versuchen, in dieser Vielfalt der äußeren Formen die für ihn passende zu finden. Was aber alle diese äußeren Formen des geistlichen Lebens eint, ist ihre gemeinsame Grundlage: Das Bestreben, mit und in der Kirche die Nachfolge Jesu zu leben – im eigenen Leben Jesus immer ähnlicher zu werden. Schwester Faustyna hat in ihrer Zeit diese Berufung konsequent gelebt. Und es wird immer mehr zum Kern ihrer Berufung, sich ganz und gar für andere einzusetzen und hinzugeben. Am Gründonnerstag 1934 sagt Jesus zu ihr: *Ich wünsche, daß du dich zum Opfer für die Sünder darbringst, besonders für jene Seelen, die ihre Hoffnung auf die Barmherzigkeit Gottes verloren haben.* *(TB 308)* Wie Jesus sich hingegeben hat, um die Menschheit zu erlösen, so soll Schwester Faustyna sich hingeben und mitwirken am Werk Christi. Am Gründonnerstag wird in der „Messe vom Letzten Abendmahl" das Evangelium von der Fußwaschung vorgelesen: „Wenn nun ich, der Herr und Meister, euch die Füße gewaschen habe, dann müßt auch ihr einander die Füße waschen. Ich habe euch ein Beispiel gegeben, damit auch ihr so handelt, wie ich an euch gehandelt habe." (Joh 13,14f.) Schwester Faustyna folgt dem Beispiel des Herrn. Ihr Dienst für andere ist vor allem der Dienst des Gebetes.

Einmal spürt sie, daß eine junge Frau, die im Kloster Schutz und Hilfe gefunden hat, mit der

Versuchung zum Selbstmord kämpft. Schwester Faustyna nimmt diese Versuchung im Gebet auf sich: *Sieben Tage litt ich. Nach sieben Tagen erteilte (...) Jesus die Gnade und da hörte auch ich auf zu leiden. Das ist eine große Pein. Ich nehme die Qualen unserer Zöglinge öfter auf mich. Jesus erlaubt es mir – die Beichtväter ebenso. (TB 192)* Lange Zeit betet sie auch intensiv für ihre Schwester Wanda, die sie im Kloster besucht. Wanda ringt mit der Frage, ob auch sie in ein Kloster eintreten soll, und ist deprimiert. *Sie sah alles schwarz. Der Liebe Gott gab sie unter meine Obhut. Zwei Wochen lang konnte ich an ihr arbeiten. Doch wie viele Opfer mich diese Seele gekostet hat, weiß nur Gott allein. Für keine andere Seele brachte ich vor den Thron Gottes so viele Opfer, Leiden und Gebete wie für sie. (...) Jetzt sehe ich, welch große Kraft die Fürsprache bei Gott hat. (TB 202)* Durch solche Zeilen wird nicht nur deutlich, wie groß die Kraft des Gebetes ist, sondern auch, daß das Gebet und der Einsatz für andere vor Gott harte, anstrengende Arbeit bedeuten. Schwester Faustyna nimmt diese Arbeit gerne an. Einmal schenkt Jesus ihr ein konkretes Gebet für die Sünder: *Rufe meine Barmherzigkeit für die Sünder an. Mich verlangt es nach ihrer Erlösung. Wenn du für einen Sünder folgendes Gebet mit zerknirschtem Herzen und im Glauben verrichtest, schenke ich Ihm die Gnade der Umkehr. Das Gebet ist: O Blut und Wasser, aus dem Herzen Jesu als Quelle der Barmherzigkeit für uns entströmt, – ich vertraue auf Dich. (TB 186f.)* Auch den Sterbenden gilt ihr

Einsatz im Gebet. Sie erhält ein besonderes Charisma: *Auf sonderbare Weise läßt der Herr mich wissen, wenn eine Seele im Todeskampf meines Gebetes bedarf. Ich spüre den Geist, der mich um Gebet bittet, lebhaft und deutlich. Ich wußte nicht, daß eine solche Verbindung zu den Seelen besteht. Oft sagt es mir mein Schutzengel. (TB 828)* Und noch in der letzten Phase ihres Lebens, als sie selbst auf dem Krankenbett liegt, setzt sie sich für die Sterbenden ein: *Oft habe ich mit Sterbenden zu tun, denen ich Gottes Barmherzigkeit erbitte. Wie groß ist doch die Güte Gottes, größer, als wir begreifen können. Es gibt Momente und Geheimnisse der Barmherzigkeit Gottes, über die die Himmel staunen. Unsere Urteile über Seelen sollten verstummen, denn Gottes Barmherzigkeit ihnen gegenüber ist sonderbar. (TB 1684)* Kurz nach ihrem Eintritt ins Kloster erkennt sie in einer Vision, wie die Verstorbenen im Fegefeuer[19] vor allem aus Sehnsucht nach Gott leiden. Auch ihnen gilt seitdem ihr Gebet: *Seit dieser Zeit pflege ich einen engeren Umgang mit den leidenden Seelen. (TB 12, vgl. auch TB 1185)*

Schwierigkeiten

Nach ihrer Aufnahme ins Kloster fühlt sich Schwester Faustyna glücklich und am richtigen Platz. Überschwenglich schreibt sie: *Ich war überglücklich, ich hatte den Eindruck, ins Paradiesesleben eingetreten zu sein. (TB 17)* Am Ende des ersten Jahres im Kloster wird sie in das Noviziat geschickt: *Eine unbegreifliche*

Freude herrschte in meiner Seele. (TB 21) Die Grundstimmung der Freude hält aber nicht an. Ein knappes Jahr später erlebt Schwester Faustyna eine Zeit der Trostlosigkeit und inneren Dunkelheit. *Am Ende des ersten Noviziatsjahres begann es in meiner Seele finster zu werden. Im Gebet spürte ich keinen Trost, die Betrachtung kostete mich viel Anstrengung. Angst begann mich zu umfangen. Ich ging tiefer in mich und sah nichts außer großem Elend. (TB 23)* Die ganze weitere Zeit ihres Noviziats und auch noch ein halbes Jahr nach dem Ablegen der ersten zeitlichen Gelübde (am 30.04.1928) dauert diese innere Dunkelheit an. *Sonderbar wirkt Gott in meiner Seele. Ich verstand ganz und gar nicht, was der Beichtvater zu mir sagte. Einfache Glaubenswahrheiten wurden mir unbegreiflich, meine Seele quälte sich, nirgendwo Frieden findend. (TB 23)* Zu dieser inneren Qual kommt der Gedanke, von Gott verdammt zu sein. *Plötzlich kam mir der feste Gedanke, ich sei von Gott verstoßen. Dieser furchtbare Gedanke durchbohrte meine ganze Seele. In diesem Leiden begann die Agonie meiner Seele. Ich wollte sterben, konnte jedoch nicht. (TB 23)* Schwester Faustyna zweifelt an den Bemühungen und dem Wert des geistlichen Lebens. *Der Gedanke kam auf – wozu nach Tugenden streben? Wozu das Abtöten, wenn das alles Gott unangenehm ist? (TB 23) – Wozu soll ich mich um Tugenden und gute Werke bemühen? Wozu soll ich mich abtöten und verzehren? – Wozu Gelübde ablegen? – Wozu beten? – Wozu aufopfern und abzehren? – Wozu mich selbst auf Schritt und Tritt zum*

Opfer bringen? Wozu, wenn ich von Gott verstoßen bin? – *Wozu die Anstrengung? (TB 77)* In dieser Zeit der inneren Dunkelheit ist ihr die Novizenmeisterin, Schwester Maria Jozefa Stefania Brzoza, eine große Hilfe. Aber ihr Rat vermag sie letztlich ebenso wenig zu trösten wie das Gebet. *Ich flüchtete zu den Wunden Jesu, wiederholte Worte des Vertrauens, doch die Worte wurden mir noch zur größeren Pein. (TB 23)* Die inneren Seelenqualen drücken sich auch in einer physischen Erschöpfung und Ermattung aus. Eine Erscheinung der Gottesmutter mit dem Jesuskind schenkt ihr Trost und Mut, aber das dauert nicht lange an. *Es war, als hätte sich die Hölle gegen mich verschworen. Ungeheurer Haß begann in meine Seele einzudringen, Haß gegen alles, was heilig und von Gott war. Mir schien es, als sollten diese Seelenqualen steter Anteil meines Daseins bleiben. (TB 25)*

Eine markante, wenn auch nur kurze Unterbrechung ihres inneren Leidens erfährt Schwester Faustyna am Karfreitag 1927: *Karfreitag. – Jesus reißt mein Herz in die Mitte der Liebesglut. Das geschah während der abendlichen Anbetung. Plötzlich überkam mich die Gegenwart Gottes. Ich vergaß alles. Jesus gibt mir zu verstehen, wieviel Er für mich gelitten hat. Dies dauerte nur sehr kurz. Furchtbare Sehnsucht. – Das Verlangen, Gott zu lieben. (TB 26)* Eine glühende Liebeserfahrung, die uns in ihrer Intensität unwillkürlich an das „Mémorial" des Blaise Pascal erinnert. Der skeptische Philosoph hatte am 23. November 1654 eine innere Gotteserfahrung, die eine Lebenswende bedeutete. Nach seinem Tod fand man das „Mémorial", einen in den Saum seines Gewandes eingenähten Zettel, der in abgerissenen Worten von diesem prägenden Ereignis Zeugnis ablegt:

„JAHR DER GNADE 1654

Montag, den 23. November, Tag des heiligen Klemens, Papst und Märtyrer, und anderer im

Martyrologium, Vorabend des Tages des heiligen Chrysogonos, Märtyrer, und anderer.

Seit ungefähr abends zehneinhalb bis ungefähr eine halbe Stunde nach Mitternacht.

FEUER

,Gott Abrahams, Gott Isaaks, Gott Jakobs', nicht der Philosophen und Gelehrten.

Gewißheit, Gewißheit, Empfinden; Freude, Friede.

Gott Jesu Christi

Deum meum et Deum vestrum.

,Dein Gott wird mein Gott sein' – Ruth –

Vergessen von der Welt und von allen, außer Gott.

Nur auf den Wegen, die das Evangelium lehrt, ist er zu finden. ..."[20]

Für Schwester Faustyna aber geht die Phase der inneren Dunkelheit weiter. An anderen Stellen ihres Tagebuchs schreibt sie darüber: *Als man zu mir von Gott sprach, war mein Herz wie aus Felsen. Ich konnte aus dem Herzen nicht ein einziges Gefühl der Liebe zu Ihm herausbringen. ... Sobald ich zu irgendwelchen Übungen die Kapelle betrat, verspürte ich immer stärkere Qualen und Versuchungen. Manchmal kämpfte ich während der ganzen hl. Messe gegen gotteslästerliche Gedanken an, die sich mir auf die Lippen drängten. Ich spürte Abneigung zu den heiligen Sakramenten. (TB 77) – Jetzt wird die Seele von fürchterlicher Finsternis umfangen. Sie sieht sich nur in Sünden. Ihr Empfinden ist grauenvoll. Sie sieht sich von Gott völlig verlassen; sie hat das Gefühl, Gegenstand Seines Hasses zu sein, und ist nur einen Schritt von Verzweiflung entfernt. Sie wehrt sich, so gut sie kann; sie versucht zu hoffen, doch das Gebet ist für sie eine noch größere Qual; sie meint, Gott zu noch größerem Zorn anzuregen; sie befindet sich auf einem himmelhohen Gipfel, der über einen Abgrund ragt. (TB 98)*

Wenn man diese Zeilen liest, erschrickt man vor der Intensität der Empfindungen. Viele Heilige berichten von solchen Zeiten der Dunkelheit, von schwierigen Perioden des geistlichen Lebens, in denen der Glaube dunkel, nackt und hart wird. Und eigentlich kennt jeder Christ, der sich um ein regelmäßiges und vertieftes Glaubensleben bemüht, den Wechsel von leichten, fröhlichen und trockeneren Phasen des Glaubenslebens. Schwester Faustyna erlebt nicht nur in besonderer Weise die Gnade einer inneren, übernatürlichen Verbundenheit mit Gott, sondern durchleidet ebenso intensiv die Erfahrung der Gottverlassenheit, des Zweifels und der Versuchung, sich vollkommen von Gott abzuwenden.

Auch in späteren Jahren macht Schwester Faustyna immer wieder Erfahrungen der „Trockenheit" im Gebet und der inneren Dunkelheit: *11.10.1933 – Donnerstag. – Ich bemühte mich, die hl. Stunde abzuhalten, doch ich begann mit großen Schwierigkeiten. Irgendeine Sehnsucht zehrte an meinem Herzen. Mein Verstand wurde so verdunkelt, daß ich einfache Gebetsformen nicht begreifen konnte. (...) Große Dürre und Unlust. (TB 268)* Ein Eintrag vom 13. August 1936 lautet: *Den ganzen Tag bin ich mit furchtbaren Versuchungen geplagt worden. Gotteslästerungen drängten sich auf meine Lippen, Abneigung gegen alles, was heilig und göttlich ist ... (TB 673)* Ein gutes Jahr vor ihrem Tod notiert sie: *In meinem Herzen und in meiner Seele herrscht tiefe Nacht. Vor meinem Geist steht eine undurchdringliche Mauer, die mir Gott verdeckt. (TB 1235)* Aber diese Erfahrungen bleiben die Ausnahme und sind nicht von langer Dauer. Die Feuerprobe, die große Prüfung des Glaubens ist ein halbes Jahr nach der Ablegung der ersten zeitlichen Gelübde vollbracht. *Die Dunkelheit wich. In meiner Seele hörte ich die Worte: „Du bist meine Freude, du bist die Wonne meines Herzens." Von diesem Augenblick an spürte ich in meinem Herzen – also in meinem Innern – die Heiligste Dreifaltigkeit. Fühl-*

bar empfand ich mich von Gottes Licht erfüllt. Von da an
pflegte meine Seele den Umgang mit Gott wie ein Kind mit
seinem geliebten Vater. (TB 27)

Während ihres gesamten klösterlichen Lebens, besonders aber in den ersten Jahren und in der Zeit
ihrer Krankheit, kämpft Schwester Faustyna mit einem zweiten Problem: mit dem Unverständnis ihrer Umgebung. Sie war bezüglich ihres inneren Lebens immer diskret und hat anderen Schwestern nie
davon berichtet. Und sie hat ihr Tagebuch mit dem
Hinweis versehen, daß es nur für die kirchlichen
Oberen und ihre Beichtväter bestimmt sei und zu
ihren Lebzeiten nicht veröffentlicht werden sollte.
Sie war alles andere als wichtigtuerisch, und doch
blieb es manchmal nicht aus, daß Mitschwestern in
manchen Situationen Einblicke in ihr inneres Erleben bekamen. Eine Mitschwester erinnert sich: „Sie
betete nicht wie die andern. Ihr Gebetsgeist und ihre Haltung in der Kapelle erregten unser Staunen.
Sie war stets auf den Knien, ohne Bewegung, ohne
Stütze, unempfindlich für alles, was um sie herum
vorging. Man konnte eintreten oder hinausgehen,
sie bemerkte es nicht."[21] Manche Schwestern
staunen, andere vermuten etwas böse, sie sei ein-
geschlafen. Die Neugierde aber wird geweckt.
Schwester Faustyna pflegte – zumindest am Anfang
ihrer Zeit im Kloster[22] – ihren Vorgesetzten (die
„Mutter" oder „Mütterchen" genannt wurden) von

Kloster der Schwester Faustyna bei Krakau/Polen

ihren mystischen Erfahrungen zu berichten. Nicht alle reagierten wohlwollend – die Reaktion war oft auch von Ablehnung und Skepsis geprägt. *Als eine der Mütter von meinem innigen Verhältnis zu Jesus erfuhr, sagte sie mir, ich gäbe mich einer Täuschung hin. Sie sagte, Jesus würde auf diese Art nur mit Heiligen verkehren, „jedoch nicht mit sündigen Seelen, wie Ihnen, Schwester." Von da an konnte ich Jesus nicht so recht glauben. Beim Morgengespräch sagte ich zu Jesus: „Bist Du nicht eine Täuschung?" – Jesus entgegnete mir: „Meine Liebe täuscht niemanden." (TB 29)*

Als Schwester Faustyna am 22. Februar 1931 in einer Vision von Jesus die Anweisung erhält, ein Bild von ihm malen zu lassen, brodelt die Gerüchteküche: *Alles war noch zu ertragen. Doch als der Herr verlangte, daß ich das Bild malen sollte, fing man wahrscheinlich an, zu reden und auf mich zu schauen, wie auf eine hysterische und schwärmerische Frau, und zwar schon etwas auffälliger. ... Jetzt bin ich schon nach allen Seiten hin beurteilt. Es gibt nichts mehr an mir, was dem Urteil der Schwestern entgangen wäre. Doch irgendwie hat sich alles erschöpft, und man begann, mich in Ruhe zu lassen. Meine geplagte Seele konnte etwas ausruhen, aber ich erkannte, daß mir der Herr während der Verfolgungen am nächsten war. Das dauerte kurz. Wieder entbrannte heftiger Sturm. Jetzt wurden die früheren Vermutungen wie zur Gewißheit, und das alte Lied begann von neuem. ... Ich sehe jetzt, daß ich überall wie ein Dieb bewacht werde: In der Kapelle, während der Pflichten, in der Zelle. Jetzt weiß ich, daß außer der Gegenwart Gottes immer auch die menschliche Gegenwart da ist; wahrhaftig, manches Mal hat mich die menschliche Anwesenheit sehr gequält. Es gab Momente, wo ich überlegte, ob ich mich zum Waschen entkleiden sollte oder nicht.*

Wirklich, mein armes Bett wurde auch sehr oft kontrolliert. Manchmal mußte ich lachen, als ich erfuhr, daß man nicht einmal das Bett in Ruhe läßt. Eine der Schwestern hat mir selbst gesagt, daß sie jeden Abend in meine Zelle geschaut hat, wie ich mich in ihr verhalte. (TB 128) Neugierde und Mißgunst, Verdächtigungen und Sensationsgier – auch wenn ein Leben in einer Klostergemeinschaft manchmal wie ein „Paradiesesleben" erscheint – die Mitglieder der Gemeinschaft sind keine reinen Engel. Der Begriff „Mobbing" war damals noch nicht erfunden, aber er bezeichnet Schwester Faustynas Lage ziemlich treffend. Sie erträgt die schwere Situation geduldig und gelassen und sogar mit einer kleinen Portion Humor. Es spricht sehr für sie und ihren Charakter, daß solche Erfahrungen sie nicht hart und verbittert werden ließen. Viele Mitschwestern und „Pensionärinnen", die sie aus der alltäglichen Arbeit kannten, waren von ihrem Wesen und Charakter angezogen und voll des Lobes. Aber es gab auch viele Mitschwestern, die sie gequält und getriezt haben – auch in der letzten Phase ihres Lebens, als manche sogar vermuteten, daß sie ihre schwere Krankheit nur vorgebe: „Eine unserer Schwestern stand ihr besonders feindselig gegenüber; nach ihr war Schwester Faustyna nicht wirklich krank, und die Art ihrer Frömmigkeit ging ihr auf die Nerven", erinnert sich eine Mitschwester später.[23] Man kann darüber erstaunt sein, mit welchem Unverständnis, Neid und

Spott die Schwerkranke zu kämpfen hat. Gerade von einer Klostergemeinschaft hätte man doch anderes erwartet! Aber vielleicht ist unsere Vorstellung vom Klosterleben eben nur ein Klischee. Das eigentlich Erstaunliche ist, daß sich Schwester Faustyna nicht hat aus der Fassung bringen lassen. „Ich aber sage euch: Leistet dem, der euch etwas Böses antut, keinen Widerstand, sondern wenn dich einer auf die rechte Wange schlägt, dann halt ihm auch die andere hin." (Mt 5,39) Schwester Faustyna lebt die Bergpredigt auf eine beeindruckende – man muß sagen – heroische Art und Weise.

Ihre mystische Erlebnisse erfüllten Schwester Faustyna oft mit großer Unsicherheit, und so suchte sie lange nach einem geeigneten Ratgeber: *Als ich von diesen Dingen meinem Beichtvater berichtete, antwortete er mir, daß dies wahrhaft von Gott, aber auch Täuschung sein könnte. Weil ich aber häufigen Ortswechsel hatte, besaß ich keinen festen Beichtvater, mehr noch, es fiel mir unglaublich schwer, über diese Dinge zu berichten. Inbrünstig betete ich, Gott möge mir die große Gnade gewähren – einen Seelenführer zu haben. (TB 34)* Mystische Erfahrungen, Visionen, ein vertrauter Umgang mit Jesus – all das bedeutet auch eine große Last. Ihr selbst und auch ihren Oberen und Beichtvätern, denen sich Schwester Faustyna im Gespräch anvertraut, drängt sich eine berechtigte Frage auf: Kommt das denn alles von Gott? Kann das denn sein? Bin ich denn überhaupt solcher Gnaden würdig? Oder unterliege ich nicht doch einer Täuschung? *Herr, ich habe Angst vor Dir, ob Du nicht ein Gespenst bist. (TB 122)* Ein Tagebucheintrag aus dem Jahre 1933 bezeugt ihre innere Zerrissenheit sehr eindringlich: *Wieder wird meine Seele von grauenvoller Dunkelheit befallen. Ich meine, unter dem Einfluß von Täuschungen zu stehen. Ich ging zur Beichte, um Erleuchtung und Frieden zu schöpfen, doch ich fand nichts. Der Beichtvater löste bei mir noch mehr Zweifel aus, als ich bereits vorher hatte. Er sagte: „Ich kann nicht erkennen, welche Macht auf Sie einwirkt – vielleicht Gott, vielleicht aber auch der böse Geist." Als ich mich vom Beichtstuhl entfernt hatte, fing ich an, über seine Worte nachzusinnen. Je mehr ich aber nachsann, desto mehr verfiel meine Seele in Dunkelheit. – Was tun, Jesus? Als Jesus sich mir gütig zuwandte, ängstigte ich mich. Bist du wirklich Jesus? Einerseits zieht mich die Liebe an, andererseits besteht die Angst. Ich kann nicht beschreiben, was das für eine Qual ist. Als ich abermals zur Beichte ging, bekam ich zur Antwort: „Ich verstehe Sie nicht, es wäre besser, Sie würden bei mir nicht beichten." Mein Gott, ich muß mir solchen Zwang antun, um überhaupt etwas von meinem inneren Leben zu sagen und man erhält zur Antwort: „Ich verstehe Sie nicht." (TB 211f.)*

Schwester Faustyna braucht einen guten und verläßlichen Ratgeber. Ein Beichtvater muß her – aber einer, der einfühlsam und verständnisvoll ist, klug und erfahren; einer, der nicht "nur" die Beichte abnimmt, sondern der auch ein wirklicher „Seelenführer", ein geistlicher Begleiter sein kann. Eine anspruchsvolle Aufgabe. Schwester Faustyna urteilt: *Besäße ich von Anfang an einen Seelenführer, hätte ich nicht so viele Gnaden Gottes vergeudet. Ein Beichtvater kann der Seele viel helfen, aber auch viel kaputtmachen. (TB 35)* Und so schreibt sie in ihrem Tagebuch *Einige Worte von der Beichte und den Beichtvätern (TB 112ff.)* und liefert ein detailliertes, auch heute noch lesenswertes Profil über die geistliche Begleitung. Gerade in den Zeiten der inneren Dunkelheit und Verlassenheit vermißt sie schmerzhaft einen guten Beichtvater: *Es ist grausam, in solchen Augenblicken keinen erfahrenen Beichtvater zu haben. (TB 97) – Es ist eigenartig, daß mich die Beichtväter in dieser Angelegenheit weder verstehen noch beruhigen konnten. (TB 111)*

Aber eines Tages ist ein Ende auch dieser Schwierigkeiten abzusehen: *Meine Peinigungen gehen dem Ende zu. Der Herr gibt mir die versprochene Hilfe. Ich sehe sie in zwei Priestern – in Pater Andrasz und Prof. Sopocko. Während der Exerzitien vor den ewigen Gelübden wurde ich zum ersten Mal grundlegend beruhigt; später wurde ich von Prof. Sopocko in der gleichen Richtung geführt. – Hier hat sich die Verheißung des Herrn erfüllt. (TB 141)*
    Diese beiden Priester werden ihre Beichtväter und – vor allem Prof. Sopocko – ihre geistlichen Begleiter auf ihrem weiteren Weg. Pater Jozef Andrasz SJ (1891-1963) – ein *Priester, der großen Geist Gottes besitzt, der meine Flügel geöffnet hat – für den Flug zu den größten Höhen … (TB 257)* – war als Schriftsteller und

Verlagsdirektor bei einem katholischen Verlag tätig und diente der Kongregation seit 1932 als Beichtvater. Prof. Michal Sopocko (1888-1975) war als Theologieprofessor in Vilnius und Krakau tätig und versah den Dienst des Beichtvaters in vielen Kongregationen. Er ist ein kluger und vorsichtiger Mann, niemand der leicht von „Visionen" zu begeistern ist, sondern ein erfahrener geistlicher Begleiter. Er kennt sich aus und kann es sich nicht leisten, als Schwärmer oder Visionär zu gelten. Er unterstützt Schwester Faustyna zunächst vorsichtig und prüft ihre Eingebungen immer wieder mithilfe der theologischen Wissenschaften. Nach einer Zeit des Zweifelns und Prüfens wird aber auch er überzeugt: „Da ich bei den modernen Theologen nichts über dieses Thema gefunden habe, habe ich bei den Kirchenvätern und Kirchenlehrern nach Texten gesucht, die bestätigen, was Schwester Faustyna behauptet: daß die Barmherzigkeit das größte der göttlichen Attribute sei. Welches war mein Erstaunen, als ich ausführliche Erörterungen in diesem Sinne beim hl. Thomas und beim hl. Augustinus fand, der in seinen „Ennarationes super psalmos" die göttliche Barmherzigkeit eingehend behandelt und sie wörtlich als „das größte göttliche Attribut" bezeichnet. Da erst hörte ich auf, am übernatürlichen Ursprung der Offenbarungen Schwester Faustynas zu zweifeln."[24] Doch er bleibt ein vorsichtiger Begleiter, stellt nie Fragen nach dem Inhalt von Visionen und hütet sich sehr davor, die mystischen Erfahrungen in einer ungesunden Weise zu fördern.

Neben diesen beiden Priestern ist Mutter Michaela Moraczewska, die Helena Kowalska 1924/25 in die Kongregation aufgenommen hat und seit 1928 Generaloberin der gesamten Kongregation ist, eine wichtige Begleiterin für Schwester Faustyna, obwohl sie mystische Eingebungen aus eigener Erfahrung nicht kennt, „Visionen" und ähnlichem äußerst reserviert und mißtrauisch gegenübersteht und sich durch ihr Amt auch zu besonderer Vorsicht und klugem Erwägen verpflichtet fühlt. Immerhin versucht sie, Schwester Faustyna mit Rat und Trost zur Seite zu stehen. In ihre Hände legt Schwester Faustyna ihre ewigen Gelübde ab, ihr gegenüber bittet Schwester Faustyna auf dem Sterbelager um Vergebung für alle ihre Verstöße gegen die klösterliche Gemeinschaft.[25]

Gehorsam

Von besonderer Bedeutung ist für Schwester Faustyna der Gehorsam – eines der klösterlichen Gelübde. Wie ein roter Faden zieht sich dieses Thema durch ihr Tagebuch. Schwester Faustyna lernt immer mehr zu erkennen, welchen Wert der Gehorsam hat und welche Hilfe er in schwierigen Situationen bedeutet. Einmal möchte Jesus, daß sie bestimmte Bußübungen verrichtet. Ihr Wunsch wird aber von

der Oberin abgelehnt. *Da erblickte ich Jesus, der in der Küchentür stand und ich sagte zum Herrn: „Du heißt mich, um Bußerlaubnis zu bitten, und die Mutter will es nicht gestatten." Da sprach Jesus zu mir: „Ich war zugegen bei diesem Gespräch mit der Oberin und weiß alles und verlange deine Bußübungen nicht, aber Gehorsam. Dadurch erweist du Mir große Ehre und erwirbst dir Verdienste." (TB 28)*
Daß der Gehorsam dem Herrn mehr gefällt und einen größeren Wert hat als selbst auferlegte Bußübungen, erfährt Schwester Faustyna auch bei anderer Gelegenheit. Sie will für eine bestimmte Person beten und legt sich eine schwere Bußübung auf. Der Beichtvater, dem sie später davon berichtet, rät ihr davon ab. Sie soll lieber als Bußwerk darüber nachdenken, weshalb Jesus die Taufe angenommen hat. Dies erscheint ihr zwar nicht besonders schwierig im Sinne der Buße, aber sie gehorcht. Später sagt Jesus zu ihr: *Dieser Seele habe Ich die Gnade erteilt, um welche du Mich für sie gebeten hast. Jedoch nicht der Bußübung wegen, die du selbst erwählt hattest, sondern wegen des vollkommenen Gehorsamsaktes Meinem Stellvertreter gegenüber gab Ich der Seele, für die du dich bei Mir eingesetzt und um Barmherzigkeit gebettelt hast, die Gnade. Wisse, wenn du den eigenen Willen in dir abtötest, herrscht in dir Mein Wille. (TB 365).*
Dem eigenen Willen zu entsagen und im Willen der Vorgesetzten den Willen Gottes zu erkennen, das ist eine der großen Grundlagen des Ordenslebens. Einmal schreibt Schwester Faustyna auf eine Eingebung hin nur einen Satz auf eine leere Seite des Ta-

gebuchs: *Ab heute existiert in mir mein eigener Wille nicht.*
Dann kniet sie nieder und streicht diesen Satz mit
einem großen Kreuz durch. *Im Augenblick, als ich nie-
derkniete, um den eigenen Willen durchzustreichen, wie der
Herr es mir befohlen hatte, hörte ich in meiner Seele folgende
Stimme: „Ab heute fürchte dich nicht vor Gottes Urteilen,
denn du wirst nicht gerichtet werden."* Auf die nächste leere Seite schreibt sie wieder nur einen einzigen Satz:
*Ab heute erfülle ich den Willen Gottes, überall, immer und in
allem. (TB 374)* Mit besonderer Hingabe versucht
Schwester Faustyna, die Vater-unser-Bitte „Dein Wille
geschehe ..." im eigenen Leben konsequent und radi-
kal umzusetzen. Die Ordensschwester erkennt dabei
den Willen des Herrn in dem Willen ihrer Oberen:
*Der Herr schaute mich tief an und gab mir zu verstehen, wie
es Ihm wehtue, wenn ich nicht im Kleinsten dem Willen der
Mutter Oberin folge. „Dieser Wille ist mein Wille" (TB
329)*; und sie erfährt, daß dieser Gehorsam in
schweren Stunden die einzige Hilfe ist. Während
der Zeit der inneren Dunkelheit und Verzweiflung
scheut sie sich zunächst, die heilige Kommunion zu
empfangen. *Ich ging nur aus Gehorsam gegenüber dem
Beichtvater, und dieser blinde Gehorsam war für mich der
einzige Weg, den ich gehen sollte – und die Rettung. (TB
77) – Die Novizenmeisterin sagte später zu mir, daß meine
Prüfungen nur daher so schnell vorübergingen, weil ich Gehorsam geübt habe. „Dank der Macht des Gehorsams haben Sie, Schwester, es so mutig durchgestanden." (TB 105)*
Ein schönes Beispiel für den Wert des Gehorsams

auch in den Kleinigkeiten des Alltags schildert Schwester Faustyna im Jahre 1937: *Heute bekam ich Apfelsinen. Als die Schwester mich verließ, dachte ich: „Statt mich in der heiligen Fastenzeit abzutöten und Buße zu üben, soll ich Apfelsinen essen. Es geht mir doch schon etwas besser.“ Da hörte ich in meiner Seele die Stimme: „Meine Tochter, du gefällst Mir besser, wenn du aus Gehorsam und aus Liebe zu Mir Apfelsinen ißt, als wenn du aus Eigenwillen fastest und dich abtötest …“ (TB 1023)*

Beichte

Die häufige und regelmäßige Beichte gehört gerade im Kloster zur festen Ordnung des geistlichen Lebens. Manche der Begebenheiten und Erfahrungen mit dem Beichtsakrament, die Schwester Faustyna notiert hat, sind beispielhaft für jedes christliche Leben. So wird Schwester Faustyna einmal von einer älteren Schwester verzweifelt um Hilfe gebeten. Sie leidet schon seit Jahren unter dem Gedanken, schlecht und ungenügend zu beichten und zweifelt daran, ob ihre Sünden wirklich vergeben sind. Schwester Faustyna verspricht, für sie zu beten. *Am Abend, während der Segensandacht, hörte ich dann die Worte: „Sage ihr, daß ihr Mißtrauen mein Herz mehr verletzt, als die Sünden, die sie beging.“ Als ich ihr das sagte, weinte sie wie ein Kind und in ihre Seele kehrte große Freude ein. (TB 628)* Das Vertrauen auf die Barmherzigkeit Gottes ist eine wesentliche Grundlage für den fruchtbringenden Empfang des Bußsakramentes. *Jedes Mal, wenn du zur heiligen Beichte gehst, tauche mit großem Vertrauen ganz in Meiner Barmherzigkeit unter, damit Ich über deine Seele die Fülle Meiner Gnaden ergießen kann. Wenn du zur Beichte kommst, wisse, daß Ich Selbst im Beichtstuhl auf dich warte. Ich verhülle mich nur mit dem Priester, aber in der Seele wirke Ich Selbst. Hier begegnet das Elend der Seele dem Gott der Barmherzigkeit. Sage den Seelen, daß sie aus dieser Quelle der Barmherzigkeit nur mit dem Gefäß des Vertrauens schöpfen können ... (TB 1602)*

Eine weitere Grundlage ist das Vertrauen auf den Rat des Beichtvaters. *Meine Tochter, ich wünsche, daß du in den kleinsten Dingen vom Beichtvater abhängig bleibst. Deine größten Opfer finden bei Mir kein Wohlgefallen, wenn du sie ohne Erlaubnis des Beichtvaters darbringst, und umgekehrt, das kleinste Opfer hat in Meinen Augen großen Wert, wenn es mit Erlaubnis des Beichtvaters geschieht ... (TB 639)* Hier wird ein ganz wichtiger, fundamentaler Zusammenhang deutlich: Mystische Erfahrungen und ein vertrauter Umgang mit Jesus führen nicht dazu, daß Schwester Faustyna sozusagen einen "direkten Draht" zum Himmel hat, einen Sonderweg neben dem Weg der Kirche. Im Gegenteil – immer wieder führen mystische Erfahrungen sie konsequent auf den Weg, den alle Christen gehen sollen: den Weg der Sakramente, den Weg des Hörens auf die Kirche und ihre Hirten, den Weg des einfachen Glaubens ohne Visionen und mystische Erfahrungen. Während einer Anbetungsstunde sieht Schwester Faustyna anstelle der Monstranz das Antlitz des Herrn, der zu ihr sagt: *Was du wirklich siehst, sehen diese Seelen durch den Glauben. Wie lieb ist mir ihr starker Glaube! Siehst du, auch wenn in Mir vermeintlich keine Spur von Leben ist, in Wirklichkeit ist es in seiner ganzen Fülle in jeder einzelnen Hostie enthalten. Aber damit Ich in der Seele wirken kann, muß sie den Glauben haben. O wie lieb ist Mir der lebendige Glaube. (TB 1420f.)* Man wird an das Evangelium vom ungläubigen Thomas erinnert, zu dem Jesus sagt: „Selig sind, die nicht sehen und doch glauben." (Joh 20,29) Gerade auch das Beispiel von Schwester Faustyna macht uns immer wieder deutlich, welchen Wert unser normaler Weg, der Weg des alltäglichen Glaubens ohne Visionen, hat.

Kommunion

In Schwester Faustyna begegnet uns ein Mensch, der sich in außergewöhnlicher Weise für Gott geöffnet hat und versucht, alle Bereiche des eigenen Lebens nach dem Willen Gottes zu gestalten und täglich aus dem Willen Gottes heraus zu leben. Wenn man fragt, wo denn die Kraftquelle von Schwester Faustyna liegt, so muß die Antwort ohne Zweifel lauten: in der Verbindung mit Jesus Christus im Sakrament der Eucharistie, in der heiligen Kommunion. Hier erhält sie die Kraft, allen Schwierigkeiten des Alltags zu begegnen. *Ich sehe mich dermaßen schwach, daß ich ohne die heilige Kommunion unentwegt zu Fall käme. Eines nur hält mich aufrecht – die heilige Kommunion. Aus ihr schöpfe ich meine Kraft, in ihr ist meine Stärke. Am Tage, an dem ich keine heilige Kommunion empfange, ängstige ich mich vor dem Leben. Ich habe Angst vor mir selbst. Jesus, in der Hostie verborgen, ist mir alles. Aus dem Tabernakel hole ich Stärke, Kraft, Mut und Erleuchtung. Hier suche ich Linderung in Stunden der Pein. Ich könnte Gott nicht loben ohne die Eucharistie im Herzen.* (TB 1037) In einer Vision spricht Jesus zu ihr über den Kommunionempfang, unsere Gleichgültigkeit und seine Liebe: „O, *wie Mir das wehtut, daß die Seelen sich so wenig in der heiligen Kommunion mit Mir verbinden. Ich warte auf Seelen, und sie sind Mir gegenüber gleichgültig. Ich liebe sie so zärtlich und aufrichtig, und sie glauben Mir nicht. Ich will sie mit Gnaden überhäufen – sie wollen sie nicht annehmen. Sie gehen mit Mir um, wie mit etwas Totem, aber Ich habe ein Herz voller Liebe und Barmherzigkeit ...*" (TB 1447) Schwester Faustyna ist nicht gleichgültig – sie brennt förmlich vor Sehnsucht nach diesem Sakrament. Als sie im April 1938 ins Krankenhaus nach Pradnik kommt, bestimmen die Schwestern, die sie versorgen, daß sie zu schwach sei, um am nächsten Tag kommunizieren zu können. *Das tat mir unermeßlich weh, aber ich sagte ganz ruhig: „Einverstanden", und bemühte mich, im vollkommenen Vertrauen auf den Herrn, einzuschlafen. Am Morgen hielt ich die Betrachtung und bereitete mich auf die heilige Kommunion vor, obwohl Jesus nicht zu mir kommen sollte. Als meine Sehnsucht und Liebe zur höchsten Stufe gelangten, erblickte ich plötzlich einen Seraphim an meinem Bett, der mir die hl.*

Kommunion reichte: *„Siehe, der Herr der Engel." Nach dem Empfang des Herrn versenkte sich mein Geist in die Liebe Gottes und verfiel in Erstaunen. Das wiederholte sich 13 Tage lang, ohne die Sicherheit, ob er anderntags wiederkommen würde. (TB 1676)* Die große Sehnsucht und Liebe von Schwester Faustyna wird vom Herrn durch ein Wunder beantwortet. Was Menschen nicht tun, tut der Engel Gottes: Zwei Wochen lang bringt er die heilige Kommunion, und Schwester Faustyna fragt ihn sogar einmal, ob er ihr die Beichte abnehmen könne. Aber er erwidert *„Kein Geist des Himmels hat diese Macht." (TB 1677)* Jesus, der die kleine Helena bereits mit sieben Jahren im Sakrament des Altares an sich gezogen hat, bleibt auch in den Tagen der Krankheit und des Sterbens in diesem Sakrament bei seiner Dienerin – und wenn es sein muß, auch durch einen himmlischen Boten.

Maria

Schwester Faustyna gehört zu der „Kongregation der Gottesmutter der Barmherzigkeit". Maria, die Mutter Jesu, ist „ihrer" Schwester eine treue Wegbegleiterin. Das Bild des geistlichen Lebens von Schwester Faustyna wäre nicht vollständig ohne ihre große Marienverehrung. „Ich bin wohl hochmütig, wenn ich glaube, daß niemand die Gottesmutter so sehr liebt wie ich!"[26], sagt sie einmal zu einer Mitschwester. Maria begleitet sie durch alle Höhen und

Tiefen ihres Weges. Immer wieder sieht Schwester Faustyna in ihren mystischen Eingebungen die Muttergottes, die sie tröstet und ihr Mut macht. Sie bittet sie: *Mutter Gottes, Deine Seele war in ein Meer von Bitterkeit getaucht, siehe auf Dein Kind, lehre es zu leiden und im Leiden zu lieben. Stärke meine Seele, möge der Schmerz sie nicht brechen. Mutter der Gnade, lehre mich mit Gott zu leben.* (TB 315) Maria wird zu ihrem Vorbild in der täglichen Christusnachfolge. *Maria ist meine Meisterin, die mich allzeit lehrt, wie ich für Gott leben soll. Mein Geist erstrahlt durch Deine Stille und Demut, o Maria.* (TB 620) Wie nebenbei gibt Schwester Faustyna Zeugnis davon, daß eine ausgeprägte Marienverehrung uns nicht den Zugang zu Jesus verstellt. Das Gegenteil ist der Fall: Erst an der Hand der Gottesmutter gelangen wir zu ihrem Sohn. Die Verehrung der Gottesmutter führt nicht zu einer Konkurrenz zur echten Christusfrömmigkeit. Und so kann Schwester Faustyna voller Vertrauen und Innigkeit beten: *Maria, meine Mutter und meine Gebieterin, ich überlasse Dir meine Seele und meinen Leib, mein Leben und meinen Tod und was danach folgt. Alles lege ich in Deine Hände, o meine Mutter. Bedecke mit Deinem jungfräulichen Mantel meine Seele und schenke mir die Gnade der Reinheit des Herzens, der Seele und des Leibes. Verteidige mich mit Deiner Macht vor allen Feinden, vor allem vor denen, die ihre Bosheit mit der Maske der Tugend verdecken. O wunderschöne Lilie ..., o meine Mutter.* (TB 79)

Eine neue Gemeinschaft?

In ihren letzten drei Lebensjahren beschäftigt sich Schwester Faustyna mit einem besonderen Projekt: Sie fühlt sich berufen, eine neue Ordensgemeinschaft zu begründen, die das besondere Ziel hat, die Barmherzigkeit Gottes zu verkünden und für die Welt zu erbitten. Diese Idee wird durch eine Eingebung vom 9. Juni 1935 angestoßen. Als sie durch den Garten geht, hört sie die Worte: *„Du wirst gemeinsam mit deinen Mitschwestern Barmherzigkeit für euch selbst und für die Welt erbitten."* Sie beschreibt ihre Überlegungen: *Ich hatte verstanden, daß ich in dieser Kongregation, in der ich jetzt bin, nicht bleibe. Ich sehe, daß Gottes Wille mir gegenüber ein anderer ist, aber fortwährend rede ich mich vor Gott aus, daß ich nicht fähig bin, dieses Werk zu vollenden ... (TB 435)* Fast drei Wochen lang ringt sie im Stillen mit sich. Erkennt sie wirklich klar und deutlich Gottes Willen? Wie soll das denn praktisch funktionieren? Nein, für eine solche Aufgabe ist sie sicher nicht geeignet. Als sie schließlich bei ihrem geistlichen Begleiter, Prof. Sopocko, Rat sucht, gibt der zu bedenken, daß Gott seine Pläne oft mit scheinbar ungeeigneten Menschen ausführt. Schwester Faustyna ist nicht überzeugt, sie betet und fleht, sie will dieses Projekt nicht angehen: *Ich bin nicht fähig, Deine Vorhaben durchzuführen, o Gott. (TB 437)* Doch Jesus verdeutlicht ihr am 30. Juni 1935 in einer Vision seinen Willen. *Am nächsten Tag, während der heiligen Messe, gleich zu Beginn, erblickte* *ich Jesus in unaussprechlicher Schönheit. Er sagte mir, Er verlange, „daß die Ordensgemeinschaft so schnell wie möglich gegründet wird. Du wirst mit deinen Mitschwestern in dieser Gemeinschaft sein. Mein Geist wird eure Lebensregel sein. Euer Leben soll an Mir Beispiel haben, von der Krippe angefangen bis zum Sterben am Kreuz. Versenke dich in Meine Geheimnisse und du wirst den Abgrund Meiner Barmherzigkeit zu den Geschöpfen und Meine unergründliche*

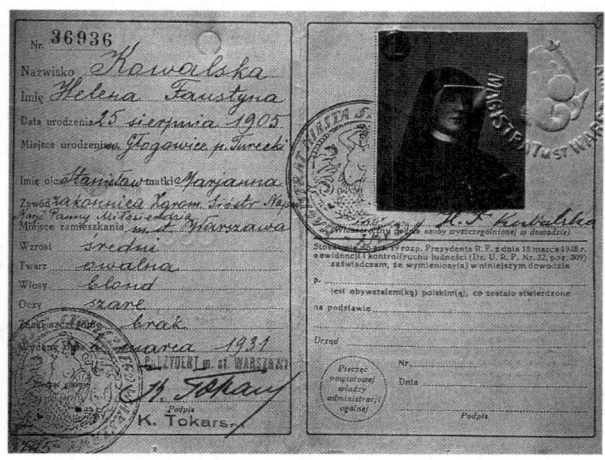

Amtlicher Ausweis von Schwester Faustyna

Güte begreifen. Diese Güte wirst du der Welt zu erkennen geben. Durch Gebete wirst du zwischen Himmel und Erde vermitteln." (TB 438)

Schwester Faustyna ist hin- und hergerissen. Im Oktober 1935 notiert sie im Tagebuch: *Weshalb soll ich dieses Kloster verlassen, in dem ich von den Schwestern und*

*den Oberinnen gern gesehen bin, das so ruhige Leben; durch
die ewigen Gelübde gebunden, verrichte ich leicht meine Pflichten. Weshalb soll ich auf die Stimme des Gewissens hören,
weshalb der Eingebung treu nachgehen? Wer weiß, von wem
sie stammt? Ist es nicht besser so wie die anderen Schwestern
zu gehen? Vielleicht gelingt es, die Worte des Herrn zu übertönen, sie einfach nicht zu beachten? (TB 496)* Ihr Beichtvater rät ihr, nichts zu überstürzen. Die Sache muß
gut überlegt werden, immerhin ist sie durch die ewigen Gelübde der Gemeinschaft verbunden. Zwar
kann sie den Papst bitten, sie zu lösen, um für die
neue Aufgabe frei zu sein – aber so etwas bricht man
nicht übers Knie. Gott wird es fügen. Schwester
Faustyna soll vertrauen, beten und nichts ohne den
Rat der Oberen unternehmen.

Jesus bestärkt sie erneut: *„Dein Ziel und das deiner
Gefährtinnen ist es, euch durch Liebe so innig wie möglich mit
Mir zu vereinen … Ich vertraue dir zwei Perlen an, die Meinem Herzen sehr teuer sind: das sind die Seelen der Priester
und Ordensleute. Für sie wirst du besonders beten …"* (TB
531); und so macht sich Schwester Faustyna im November 1935 daran, eingehende Regeln für den neu-
en Orden zu verfassen (vgl. TB 536-538). Sie denkt
an kleine Gemeinschaften von höchstens zehn
Schwestern, die in strikter Trennung, also in Klausur,
eine äußerst konsequente und opferbereite Form der
Nachfolge Jesu leben. *Es wird nicht viele solcher Schwestern geben, aber es werden heroische Seelen sein. Für feige und
verweichlichte Seelen wird es keinen Platz geben. (TB 537)*

Detailliert schreibt sie über die Aufnahmebedingungen und erinnert sich offenbar an ihre eigenen Schwierigkeiten, wenn sie vermerkt: *Fehlende Mitgift wird niemals ein Aufnahmehindernis sein. (TB 542)* Eingehend schreibt sie über die Grundlagen für das Noviziat, die tägliche Arbeit und das Verhältnis von Schwestern und Oberin. Auch die Gebetspraxis wird vorgestellt, ebenso wie Regeln zum Schweigen und zur Klausurordnung. Selbst Details werden geregelt, und die Frage nach der Möglichkeit privater Post wird genauso beantwortet wie die Frage nach der Gestaltung der Mahlzeiten: *Was die Ernährung betrifft, so werden wir kein Fleisch essen. (TB 546)* Während der Zeit, in der Schwester Faustyna diese Regeln entworfen hat, sah sie einmal in einer Vision eine Kirche nebst Kloster, die eines Tages ihre neue Ordensgemeinschaft beherbergen soll (vgl. TB 563). Im Dezember 1935 ist Schwester Faustyna voller Tatendrang. *Heute, schon vom frühen Morgen an, treibt mich eine eigenartige Macht zum Handeln und gibt mir keinen Augenblick Ruhe ... (TB 569)* Phasen voller Hektik und Aufbruchsstimmung wechseln mit Phasen, in denen die Idee des neuen Ordens erst einmal auf Eis gelegt wird. Schwester Faustyna gewinnt keine letzte Klarheit und bittet im März 1936 Jesus um ein deutliches Zeichen. *Eines Tages bat ich Jesus, Selbst den ersten Schritt zu tun durch eine Veränderung oder äußere Tat, oder aber, daß man mich entfernt, denn allein bin ich nicht in der Lage, diese Kongregation zu verlassen. (TB 624)* Als kurz darauf eine Versetzung nach Warschau ansteht, ist dies für Schwester Faustyna das erbetene Zeichen dafür, daß sie den Orden verlassen und sich der Gründung einer neuen Kongregation widmen soll. Um keine Zeit zu verlieren, will sie die Reise nach Warschau schon gar nicht mehr antreten, läßt sich aber von der Oberin überreden, doch noch zu fahren. *Wissen Sie was, Schwester, fahren Sie doch, rechnen Sie nicht den Verlust der Reise, auch wenn Sie gleich zurückkommen sollten. Ich entgegnete: „Gut, ich fahre", obwohl mir Schmerz die Seele durchbohrte, denn ich wußte, daß sich die Sache durch die Fahrt verzögert; doch ich bemühte mich trotz allem, immer gehorsam zu sein. (TB 624)* Wieder ruht das Projekt – aber Jesus beruhigt seine Dienerin: *„Fürchte nichts, alle Erschwernisse werden dazu dienen, daß Mein Wille verwirklicht wird." (TB 634)* Im Mai 1937 schreibt sie über ein Gespräch mit der Generaloberin, der sie die Frage nach dem Austritt aus dem Kloster und der Neugründung vorgelegt hat. Die Generaloberin, Mutter Michaela Moraczewska, kennt Schwester Faustyna, seitdem diese 1924 zum ersten Mal an der Pforte des Klosters um Aufnahme gebeten hat. Sie entscheidet nun: *Bisher habe ich Sie, Schwester, immer zurückgehalten, doch jetzt gebe ich Ihnen die Freiheit; wie Sie wollen, Schwester. Sie können den Orden verlassen und Sie können, wenn Sie es wollen, bleiben. (TB 1115)* Sofort beschließt Schwester Faustyna, den Papst um die Befreiung von den ewigen Gelübden zu bitten. Aber obwohl nun die Türe offensteht, kommen die alten Zweifel zurück: *Als ich die Mutter Generaloberin verließ, kam in meine Seele irgendeine Dunkelheit – genau wie früher. Es ist sonderbar, so oft ich um das Ausscheiden bitte, wird meine Seele von solcher Dunkelheit erfaßt und ich habe das Gefühl, als wäre ich mir selbst überlassen ... (TB 1115)* Sie offenbart sich der Generaloberin. Diese urteilt: *Ihr Ausscheiden, Schwester, ist eine Versuchung. (TB 1115)* Einige Wochen lang dauert die Qual der Wahl noch an, und Schwester Faustyna ringt um die rechte Entscheidung, um die Erkenntnis des Willens Gottes. Offenbart sich dieser nicht auch und gerade im Willen ihrer Vorgesetzten? Am Dreifaltigkeitssonntag 1937 hört sie die Worte: *„Sage der Mutter Generaloberin, sie solle auf dich zählen wie auf die treueste Tochter des Ordens." (TB 1130)*

Für Schwester Faustyna wird damit deutlich, daß sie in der Kongregation bleiben soll. Auch rät ihr Beichtvater dazu abzuwarten: Vielleicht, sagt er, ist es so wie mit dem Bild des Barmherzigen Jesus. So wie Schwester Faustyna es nicht selbst malen kann, so kann sie auch die neue Gemeinschaft nicht selbst gründen, sondern nur ein Programm dafür entwerfen.[27] Schließlich führt nicht zuletzt ihre sich verschlimmernde Krankheit dazu, daß sie ihren großen Plan nicht mehr ausführen kann. Kurz vor ihrem Tod aber erkennt sie, daß ihr Auftrag und Werk nicht nur in der Gründung eines neuen Ordens besteht, sondern mit der Inspiration einer weltweiten Bewegung verbunden ist. Schwester Faustyna ist davon überzeugt, daß sich jeder Mensch dieser Bewegung ohne weiteres anschließen kann: *Es gibt eine dreifache Möglichkeit Barmherzigkeit zu üben: erstens, daß barmherzige Wort – durch Vergebung und Trost; zweitens, wo Worte nichts ausrichten, beten – auch das ist Barmherzigkeit; drittens, barmherzige Taten. Wenn sich der letzte Tag anbahnt, werden wir Rechenschaft darüber ablegen und ein entsprechendes ewiges Urteil erhalten. Gottes Schleusen haben sich für uns geöffnet; wir sollten aus ihnen schöpfen, bevor der Tag der Gerechtigkeit Gottes anbricht; denn das wird ein Tag des Schreckens sein. (TB 1158f.)*

Wir schildern diese große Episode ihres Lebens deshalb so ausführlich, weil wir hier Zeuge werden können, mit welchen Zweifeln und Schwierigkeiten Schwester Faustyna oft kämpfen mußte. Einerseits hat sie den Willen Gottes in einer Eingebung klar und deutlich verstanden – auf der anderen Seite aber hat sie deutlich gespürt, daß sie mit diesem Schritt nicht froh werden kann. Zudem rieten ihre Vorgesetzten, ihre Beichtväter und sogar der Erzbischof, dem sie die Frage vorlegte, ab oder plädierten zumindest für einen Aufschub. Warum, so fragt man sich unwillkürlich angesichts dieses Dramas, warum hat es der Herr Schwester Faustyna nicht etwas leichter gemacht? Seine Wege – das zumindest wird wieder einmal deutlich – sind nicht unsere Wege. Schwester Faustyna zeigt uns, wie schwer es sein kann, den Willen Gottes zu erkennen. Sie kämpft und gibt uns dabei ein Beispiel, wie man durch Gebet, Gehorsam und den guten Rat anderer auch schwere Zeiten bestehen kann. Sie zeigt uns, daß der Wille Gottes sich immer auch mit der Kirche und niemals gegen sie verwirklicht. Hätte sie überhaupt angesichts der sich verschlimmernden Krankheit die physischen Kräfte gehabt, die für einen solchen Schritt, für die Gründung einer neuen Kongregation, notwendig sind? Wir wissen es nicht. Schwester Faustyna hat diese Frage noch weiter beschäftigt. Ein halbes Jahr vor ihrem Tod sagt ihr der Herr in einer Eingebung auf ihre Frage nach der geplanten neuen Gemeinschaft: *„Zu wissen, wie das geschieht, ist nicht deine Sache, sondern Meiner Gnade treu zu sein und stets das zu tun, was in deiner Macht ist und was der Gehorsam dir erlaubt ..."* (TB 1650)

Ihre Anregungen und Ideen zu einer neuen Gemeinschaft haben dann doch noch Früchte getragen. Ab 1941 hat Prof. Sopocko eine Neugründung im Geiste Schwester Faustynas betrieben, die 1955 als Kongregation errichtet werden konnte und heute noch existiert: die „Schwestern vom Barmherzigen Jesus."

Aber schon zu ihren Lebzeiten hat Schwester Faustyna eine apostolische Bewegung zur Verehrung der Barmherzigkeit Gottes inspiriert, die auch heute noch die Aufgabe übernimmt, im Geiste Schwester Faustynas die Barmherzigkeit Gottes zu verkünden und für die Welt zu erbitten. Nach ihrem Beispiel bemühen sich die Mitglieder darum, mit kindlichem Gottvertrauen, das sich in der Erfüllung seines Willens und in der praktizierten Barmherzigkeit gegenüber dem Nächsten ausdrückt, nach Vollkommenheit zu streben. „Heute umfaßt diese Bewegung in der Kirche Millionen von Menschen in aller Welt: Ordensgemeinschaften, Laieninstitutionen, Priester, Bruderschaften, Vereine, verschiedene Gemeinschaften der Apostel der Barmherzigkeit Gottes und Einzelpersonen, die die Aufgabe übernehmen, die Jesus Christus durch Sr. Faustyna übermittelte."[28]

Krankheit

Schwester Faustyna besaß keine robuste Gesundheit. Bereits kurz nach ihrer Aufnahme ins Kloster leidet sie unter ihrer schwachen Konstitution. Man stellte einen allgemeinen Erschöpfungszustand fest. Die Oberen schickten sie für einige Zeit zur Erholung in ein Haus der Kongregation in der Nähe von Warschau. Im Jahr 1934 erkrankt sie zum ersten Mal ernsthaft und erleidet einen schweren Erstickungsanfall. Wahrscheinlich litt sie schon zu diesem Zeitpunkt an Tuberkulose, die aber erst 1936 diagnostiziert wurde. Ihr Zustand war so ernst, daß man ihr die Sterbesakramente spendete. Nur langsam trat Besserung ein. Zwei Jahre später erkrankt sie wieder, und nun wird eine beidseitige Lungentuberkulose festgestellt. Auf Phasen der Erholung folgen immer wieder Rückschläge. 1936 und 1937 muß sie mehrere Monate im Krankenhaus in Pradnik bei Krakau zubringen. Seit April 1938 verschlechtert sich ihr Zustand zusehends, und es tritt keine Besserung mehr ein. Sie kehrt in das Ordenshaus nach Krakau-Lagiewniki zurück. Dort stirbt sie am 5. Oktober 1938 im Alter von nur 33 Jahren. Schwester Faustyna erträgt die Krankheit geduldig und ergeben, sogar dann, wenn ihr Zustand von Mitschwestern nicht ernst genommen wird. Über ihre erste schwere Erkrankung notiert sie: *Als ich nach den ersten Gelübden bald erkrankte und sich trotz herzlicher und sorgsamer Pflege seitens meiner Vorgesetzten wie auch ärztlicher Eingriffe mein Zustand weder besserte und noch verschlimmerte, kam mir die Meinung zu Ohren, daß ich mich verstelle. Damit begann mein Leid, es verdoppelte sich. Das währte ziemlich lange. Einmal klagte ich Jesus, daß ich für die Schwestern eine Last sei. Jesus erwiderte: „Du lebst nicht für dich, sondern für die Seelen. Aus deinem Leiden werden andere Seelen Nutzen ziehen. Dein anhaltendes Leiden wird ihnen Licht und Kraft verleihen, sich Meinem Willen zu fügen." (TB 67)*

In den letzten Lebensjahren gehört der ständige Kampf gegen die Krankheit und ihre schwache Konstitution zum Alltag von Schwester Faustyna. *Wenn man krank und schwach ist, muß man sich ständig anstrengen, um das zu erfüllen, was alle „normalerweise" tun. Doch auch das „Übliche" läßt sich nicht immer bewältigen. Dir sei jedoch für alles gedankt, Jesus. Nicht die Grö-*

ße der Arbeit, sondern die der Anstrengung wird belohnt werden. Was aus Liebe getan wird, ist nicht klein; o mein Jesus, Dein Auge sieht doch alles. Ich weiß nicht, weshalb ich mich am Morgen außergewöhnlich elend fühle. Ich muß alle Kraft zusammenraffen und manchmal Heroismus anwenden, um aus dem Bett aufzustehen. Beim Gedanken an die heilige Kommunion erhalte ich ein wenig mehr Kraft. So beginnt der Tag mit einem Kampf und endet mit ihm. Wenn ich zur Ruhe gehe, fühle ich mich wie ein Soldat, der vom Schlachtfeld heimkommt. Was dieser Tag in sich birgt, weißt nur Du, mein Meister und Herr. (TB 1310) Tapfer trägt Schwester Faustyna die mit aller Vehemenz einsetzende Krankheit. Seit einem Monat geht es mir schlechter und bei jedem Abhusten spüre ich Zersetzung in der Lunge. Manchmal kommt es vor, daß ich die völlige Verwesung meines Leichnams spüre; dieses Leiden ist zu groß, als daß es sich ausdrücken läßt. Obwohl mein Wille damit fest einverstanden ist, bleibt es für meine Natur ein großes Leiden ... (TB 1428)

Sie verwirklicht am eigenen Leib die christliche Grundüberzeugung, daß wir Krankheit und Leiden mit dem Leiden Jesu verbinden können. Mein Jesus, nun sehe ich, daß ich alle Etappen des Lebens gemeinsam mit Dir durchgegangen bin: Die Kindheit, Jugend, Berufung, das apostolische Wirken, Tabor und Ölgarten. Jetzt bin ich mit Dir zusammen auf dem Kalvarienberg. Gern habe ich mich kreuzigen lassen und bin nun gekreuzigt ... (TB 1580) Auf diese Weise wird selbst das Leid fruchtbar und erhält einen Sinn. Der heilige Paulus schreibt in einem sei-

Kirche im Kloster von Schwester Faustyna
bei Krakau

seiner Briefe: „Jetzt freue ich mich in den Leiden, die
ich für euch ertrage. Für den Leib Christi ergänze ich
in meinem irdischen Leben das, was an den Leiden
Christi noch fehlt" (Kol 1,24). Schwester Faustyna
verinnerlicht diese Möglichkeit, Krankheit und Leiden für andere fruchtbar zu machen, so sehr, daß sie
sagen kann: *Das Leiden ist der größte Schatz auf Erden –
es läutert die Seele. (...) Wahre Liebe mißt man mit dem
Thermometer der Leiden ... (TB 342f.)*

Vielleicht findet mancher solche Aussagen
schockierend – zu sehr haben wir oft eine ganz andere Einstellung zu Krankheit und Leid verinnerlicht. Natürlich stellen Krankheit und Leid keinen
Wert in sich dar und sollen nicht um ihrer selbst

willen gesucht werden. Das tut auch Schwester
Faustyna nicht. Aber sie zeigt uns mit dem Beispiel
ihres Lebens klar und ungeschminkt den einzigen
Weg, Krankheit und Leid sinnvoll zu ertragen:
durch die Verbindung mit Jesus Christus. Sie ist es,
die schließlich auch ihr Sterben zu einem Weg werden läßt, der in den Himmel führt. Eine Mitschwester, die sie in ihren letzten Tagen pflegte, berichtet
über ihren Tod: „Das Lebensende Schwester Faustynas war sehr erhebend. Sie war stets liebenswür-
dig und geduldig und verlangte nie etwas. Wenn
man sie fragte: ‚Haben Sie große Schmerzen?‘, antwortete sie: ‚Ja, aber es ist recht so.‘ Am 22. September bat sie die ganze Gemeinschaft um Verzeihung, und von diesem Moment an war sie nur noch
Erwartung. Am 5. Oktober beichtete sie zum letz-
tenmal bei unserem außerordentlichen Beichtvater,
Pater Andreasz. Ihr Leiden hatte den Höhepunkt
erreicht. Einige Stunden vor dem Sterben bat sie
um eine schmerzlindernde Spritze, doch sogleich
verzichtete sie darauf, um den Willen Gottes bis
zum Ende zu erfüllen. Am Abend begann der Todeskampf. Um neun Uhr betete der Herr Spiritual
in Gegenwart aller Schwestern die Sterbegebete.
Schwester Faustyna war bis zum Ende bei vollem
Bewußtsein. Um 22 Uhr 45 verschied sie, die Augen auf ein Bild Christi und der Unbefleckten gerichtet, ohne die Schrecken des Todeskampfes erlit-
ten zu haben.“[29] Am 7. Oktober 1938, am Fest der

Rosenkranzkönigin, wird Schwester Faustyna auf dem Klosterfriedhof in Krakau-Lagiewniki in einem Gemeinschaftsgrab der Schwestern beigesetzt.

Der Auftrag von Schwester Faustyna

Schwester Faustyna wurde nur 33 Jahre alt, dreizehn ihrer Lebensjahre hat sie im Kloster verbracht, und diese Zeit war angefüllt mit Gebet und mit unauffälliger, schlichter Hausarbeit. Einhundert Jahre nach ihrem Geburtstag zählt sie zu den bekanntesten polnischen Heiligen. Der Grund für diese „Karriere" ist nicht allein durch die Tatsache zu erklären, daß sie besonders fromm gewesen ist, daß sie in wunderbarer, übernatürlicher Weise mit Gott verbunden war und ihre mystischen Erfahrungen einem Tagebuch anvertraute. Er liegt vielmehr darin, was man den Auftrag von Schwester Faustyna nennen könnte: die Barmherzigkeit Gottes zu verkünden. *„Verkünde, daß Barmherzigkeit die größte Eigenschaft Gottes ist. Alle Werke Meiner Hände sind durch Barmherzigkeit gekrönt."* (TB 301) Jesus nennt sie *„die Sekretärin Meiner Barmherzigkeit"* und versichert ihr: *„Ich habe dich für dieses Amt in diesem und im künftigen Leben erwählt. Ich will es so, trotz allen Widerstandes, den man dir entgegenstellen wird."* (TB 1605) Schwester Faustyna nimmt diese besondere Berufung von ganzem Herzen an. Ein großes und tiefes Gottvertrauen prägt sie ja bereits seit ihrer

Kindheit. Jetzt wird es zur Grundlage der Botschaft von der barmherzigen Liebe Gottes. Es ist ja im eigentlichen Sinn keine neue Botschaft – es ist die Botschaft des Evangeliums, die Botschaft, die immer von der Kirche geglaubt und verkündet wurde: „Nicht die Gesunden brauchen den Arzt, sondern die Kranken. Darum lernt, was es heißt: Barmherzigkeit will ich, nicht Opfer. Denn ich bin gekommen, um die Sünder zu rufen, nicht die Gerechten." (Mt 9,12f.) Durch die Offenbarungen an Schwester Faustyna wird diese Botschaft noch einmal ausdrücklich betont. Gott setzt alles daran, den Menschen das Heil zu schenken und ihnen die Angst zu nehmen. Immer wieder versichert er Schwester Faustyna: *„Meine Sekretärin, schreibe, daß Ich den Sündern gegenüber freigiebiger bin, als Gerechten. Für sie bin Ich auf die Erde herabgekommen ... für sie habe Ich Blut vergossen; sie sollen sich nicht fürchten, sich Mir zu nähern; sie brauchen Meine Barmherzigkeit am nötigsten."* (TB 1275) – *Heute hörte ich die Worte: „Im Alten Testament habe Ich zu Meinem Volk Propheten mit Blitz und Donner gesandt. Heute sende ich dich zu der ganzen Menschheit mit Meiner Barmherzigkeit. Ich will die wunde Menschheit nicht strafen, sondern sie gesundmachen, sie an Mein barmherziges Herz drücken. Von Strafen mache Ich Gebrauch, wenn sie mich selbst dazu zwingen; Meine Hand greift nicht gern nach dem Schwert der Gerechtigkeit. Vor dem Tage der Gerechtigkeit sende Ich den Tag der Barmherzigkeit."* (TB 1588)

115

Eine der mittlerweile bereits in die Jahre gekomme-nen Forderungen zeitgenössischer Kirchenreformer lautet: „Frohbotschaft statt Drohbotschaft". Wer die Worte Jesu an Schwester Faustyna liest, der weiß, daß hier offene Türen eingerannt werden. Je-sus verkündet wirklich die „frohe" Botschaft – nicht in einem verharmlosenden Sinne, der die Möglichkeit der ewigen Verdammung und die Exi-stenz der Hölle leugnet; aber im Sinne eines nicht mehr überbietbaren Angebotes Gottes: Niemand, auch nicht der größte Sünder, braucht Angst zu ha-ben. Jeder, auch der größte Sünder, darf sich voller Vertrauen auf die Barmherzigkeit des Herrn beru-fen, der den Sündern gegenüber sogar noch freigie-biger ist als gegenüber den Gerechten.

Es ist Schwester Faustynas Auftrag, diese gute Nachricht zu verkünden. Mitten im unspektakulä-ren Klosteralltag möchte sie diesen Auftrag wie ein „Priester, Missionar und Prediger" erfüllen – und zwar durch die Liebe: *O Ewige Liebe, ich wünsche, daß Dich alle Seelen, die Du erschaffen hast, erkennen. Gerne würde ich zum Priester werden, um den sündigen Seelen, die in Verzweiflung versinken, unaufhörlich von Deiner Barm-herzigkeit zu künden. Ich wäre gern Missionar, um das Licht des Glaubens in wilde Länder zu tragen, damit die Seelen Dich kennenlernen und um für sie abgezehrt den Märtyrertod zu sterben, den Du für mich und für sie starbst. O Jesus, ich weiß nur zu gut, daß ich Priester, Missionar und Prediger sein kann, daß ich den Märtyrertod durch völ-*

lige Abzehrung und Selbstverleugnung aus Liebe zu Dir und zu den unsterblichen Seelen sterben kann. Große Liebe vermag kleine Dinge in große umzuwandeln, und nur Liebe allein verleiht unseren Taten Wert. Je reiner unsere Liebe wird, desto weniger wird die Flamme der Leiden in uns zu verzehren haben und das Leiden hört für uns auf, Leiden zu sein. – Leid wird für uns zur Wonne. Dank der Gnade Gottes habe ich jetzt eine solche Herzensstimmung erhalten, daß ich niemals glücklicher bin als im Leiden für Jesus, den ich mit jeder Regung meines Herzens liebe. (TB 302f.)

Zu ihrer Aufgabe als „Sekretärin der Barmherzigkeit" gehört es auch, verschiedene konkrete Formen der Andacht zur Barmherzigkeit Gottes zu beschreiben, die Jesus mit verschiedenen Verheißungen verbunden hat: das Bild des barmherzigen Jesus, das Fest der Barmherzigkeit, die Novene zur Göttlichen Barmherzigkeit, den Rosenkranz zur Barmherzigkeit Gottes, die Stunde der Barmherzigkeit und das Ausbreiten der „Ehre der Barmherzigkeit".[30]

Einen ersten konkreten Auftrag erhält Schwester Faustyna am 22. Februar 1931: *Am Abend, als ich in der Zelle war, erblickte ich Jesus, den Herrn, in einem weißen Gewand. Eine Hand war zum Segnen erhoben, die andere berührte das Gewand auf der Brust. Von der Öffnung des Gewandes an der Brust gingen zwei große Strahlen aus, ein roter und ein blasser. Schweigend betrachtete ich den Herrn; meine Seele war von Furcht, aber auch von großer*

Freude durchdrungen. Nach einer Weile sagte Jesus zu mir: *"Male ein Bild, nach dem, das du siehst, mit der Unterschrift: Jesus, ich vertraue auf Dich. Ich wünsche, daß dieses Bild verehrt wird, zuerst in eurer Kapelle, dann auf der ganzen Welt. Ich verspreche, daß jene Seele, die dieses Bild verehrt, nicht verlorengeht. Ich verspreche auch, hier schon auf Erden, den Sieg über Feinde, besonders in der Stunde des Todes. Ich selbst werde sie verteidigen, wie Meine Ehre.* (TB 47f.) Schwester Faustyna bittet ihren Beichtvater um Rat. Er interpretiert den Auftrag Jesu anders: *Das betrifft deine Seele. (...) Male Gottes Bild in deiner Seele.* (TB 49) Aber Jesus stellt klar: *"In deiner Seele besteht Mein Bild. Ich wünsche ein Fest der Barmherzigkeit. Ich wünsche, daß das Bild, welches du mit dem Pinsel malen wirst, am ersten Sonntag nach Ostern feierlich geweiht wird. Dieser Sonntag soll das Fest der Barmherzigkeit sein. Ich wünsche, daß die Priester Meine große Barmherzigkeit gegenüber sündigen Seelen verkünden sollen. Der Sünder soll keine Angst haben, sich Mir zu nähern. Die Strahlen der Barmherzigkeit verzehren Mich. Ich will sie auf die Seelen der Menschen ausgießen. ... Das Mißtrauen der Seelen zerreißt mein Inneres. Mehr noch tut mir das Mißtrauen einer auserwählten Seele weh; trotz Meiner unerschöpflichen Liebe trauen sie Mir nicht; sogar Mein Tod reicht ihnen nicht aus. Wehe der Seele, die Meine Liebe missbraucht."* (TB 49f.) Schwester Faustyna versucht zunächst, selbst dieses Bild zu malen. Aber sie scheint keine besondere künstlerische Begabung zu haben; ihre Versuche scheitern. Sie vertraut sich ihren Oberen und ihren

Beichtvätern an und fragt auch Mitschwestern um Rat. In dieser Zeit – in der ja auch die Schwierigkeiten im geistlichen Leben zu tragen sind und sie noch keinen festen geistlichen Führer hat – leidet sie erheblich unter diesem Auftrag des Herrn. Einmal bittet sie sogar ihren Beichtvater, sie *von den inneren Eingebungen sowie von der Pflicht, das Bild zu malen, zu entbinden. (TB 52)* Aber der Beichtvater, Pater Andreasz, erfüllt ihre Bitte nicht. Seine Hinweise geben uns aber einen interessanten Einblick in die Art und Weise, wie er mit dem ungewöhnlichen Charisma von Schwester Faustyna umgegangen ist. Er rät ihr: *Erstens: Sie dürfen sich von den inneren Eingebungen nicht abwenden, sollten aber immer alles dem Beichtvater berichten. Falls Sie erkennen, daß die inneren Eingebungen von Nutzen für Ihre oder für andere Seelen sind – bitte dies befolgen und auf keinen Fall vernachlässigen – doch immer in Verständigung mit dem eigenen Beichtvater. Zweitens: Falls diese Eingebungen mit dem Glauben und dem Geist der Kirche nicht übereinstimmen, sofort ablehnen – denn das kommt vom bösen Geist. Drittens: Falls diese Eingebungen keine allgemeine Beziehung zu den Seelen haben, auch nicht besonders zu ihrem Heil, so sollten Sie sich diese nicht zu Herzen nehmen und ihnen keinerlei Beachtung schenken. Doch dürfen Sie sich nicht selbst leiten wollen…. (TB 55)* Dennoch ist Schwester Faustyna wegen des Bildes beunruhigt. *Als ich einmal Nachtdienst hatte, war meine Seele wegen dem Malen des Bildes so zermartert, daß ich nicht mehr wußte, woran ich mich halten*

sollte; einerseits das stete Einreden, daß es nur eine Täu-
schung sei, andererseits sagte mir ein Priester, daß Gott wo-
möglich durch dieses Bild Ehre entgegennehmen möchte,
dann sollte man sich um das Malen kümmern. Auf jeden
Fall war meine Seele sehr erschöpft ... (TB 152) In dieser
Unsicherheit wird sie durch Eingebungen von Jesus
gestärkt. Sie soll nicht verzagen, sondern an ihrem
Auftrag festhalten. Als sie 1933 nach Vilnius geschickt wird, nimmt dort ihr Beichtvater, Professor
Sopocko, die Dinge in die Hand. Er bittet Schwester Faustyna, Jesus zu fragen, was die beiden
Strahlen bedeuten. Schwester Faustyna kommt dieser Bitte nach und hört im Gebet die Worte: *Die*
zwei Strahlen bedeuten Blut und Wasser. Der blasse Strahl
bedeutet Wasser, das die Seelen rechtfertigt, der rote Strahl
bedeutet Blut, welches das Leben der Seele ist ... Diese zwei
Strahlen drangen aus den Tiefen Meiner Barmherzigkeit,
damals, als Mein sterbendes Herz am Kreuz mit der Lanze
geöffnet wurde. Diese Strahlen schützen die Seelen vor dem
Zorn Meines Vaters. Glücklich, wer in ihrem Schatten le-
ben wird, denn der gerechte Arm Gottes wird ihn nicht errei-
chen. Ich wünsche, daß der erste Sonntag nach Ostern zum
Fest der Barmherzigkeit wird. Bitte Meinen treuen Diener,
daß er an diesem Tag der ganzen Welt von Meiner großen
Barmherzigkeit künden soll. Wer an diesem Tag zur Quelle
des Lebens kommt, erfährt einen vollkommenen Nachlaß
seiner Schuld und Strafe. Die Menschheit wird keinen Frie-
den finden, solange sie sich nicht mit Vertrauen an Meine
Barmherzigkeit wendet. Oh, wie sehr Mich das Mißtrauen

Erstes Bild des Barmherzigen Jesus
(von E. Kazimirowski)

einer Seele verletzt. Eine solche Seele bekennt, daß Ich heilig und gerecht bin, doch glaubt sie nicht, daß Ich die Barmherzigkeit bin, sie glaubt Meiner Güte nicht. Selbst die Satane preisen Meine Gerechtigkeit, doch glauben sie nicht an Meine Güte. (TB 299f.) Weil die Versuche von Schwester

Faustyna mit dem Pinsel zu keinen brauchbaren Ergebnissen führten, beauftragt ihr Beichtvater den Kunstmaler Eugeniusz Kazimirowski damit, ein Bild nach den Maßgaben von Schwester Faustyna zu malen.[31] Dieses erste Bild wurde im Juni 1934 fertiggestellt und im Kloster der Bernhardiner-schwestern, das neben der Michaelskirche lag, de-ren Rektor Prof. Sopocko war, aufgehängt. Einmal hat Schwester Faustyna die Möglichkeit, dem Künstler bei der Arbeit zuzusehen, und ist ent-täuscht: *Als ich bei dem Künstler war, der das Bild malt, sah ich, daß es nicht so schön wird, wie Jesus wirklich ist. – Das betrübte mich sehr, doch ich verbarg es tief in meinem Herzen ... Ich sagte zum Herrn: „Wer vermag Dich so schön zu malen, wie Du bist? Darauf hörte ich die folgenden Worte: „Nicht in der Schönheit der Farben oder des Pinsel-strichs liegt die Größe dieses Bildes, sondern in Meiner Gnade." (TB 313)* Im Jahre 1935 beendet die Kirche die Feiern des 1900-jährigen Jubiläums der Erlö-sung der Welt. Während dieser Feierlichkeiten wird das Bild des barmherzigen Jesus zum ersten Mal öf-fentlich ausgestellt, was Professor Sopocko keine geringe Mühe kostete. Das Heiligtum Ostra Brama besaß ja selbst eine jahrhundertealte Tradition der Verehrung einer Ikone der Gottesmutter. Schließ-lich aber kann er das neue Bild als „Schmuckstück" anbringen lassen.[32] *Eigenartigerweise hatte sich alles so gefügt, wie der Herr es verlangte. Die erste Verehrung durch die Volksmenge wurde dem Bild am ersten Sonntag nach*

Ostern erwiesen. Drei Tage lang war das Bild öffentlich aus-gestellt und von den Menschen verehrt worden. (TB 89) Im Juli 1937 wurde dieses Bild – das einzige, das Schwester Faustyna zu Lebzeiten gekannt hat – mit der Erlaubnis des zuständigen Erzbischofs geweiht und in der Michaelskirche in Vilnius aufgehängt. Es gibt noch drei weitere „ursprüngliche" Bilder des barmherzigen Jesus, die erst nach dem Tod von Schwester Faustyna entstanden. Zwei stammen von dem Maler Stanislaw Batowski aus Lemberg (das erste wurde im Krieg zerstört, das zweite fand ei-nen Platz in der Kirche der Barmherzigkeit Gottes in Krakau); das dritte und heute wohl am weitesten verbreitete Bild stammt von dem Künstler Adolf Hyla, der es 1943 für den Krakauer Konvent ge-malt hat. Auf manche Betrachter wirkt es bunter und kitschiger als das erste, etwas zurückhaltendere Gemälde von Kazimirowski. Aber wie der Herr selbst sagt: Nicht auf die Schönheit, sondern auf Seine Gnade kommt es hier an. Alle Bilder des Barmherzigen Jesus tragen die Aufschrift: Jezu, ufam Tobie – Jesus, ich vertraue auf dich.

Barmherziger Jesus (von A. Hyla)

Eng mit dem Bild verbunden ist das „Fest der Göttlichen Barmherzigkeit". *„Meine Tochter, künde der ganzen Welt von Meiner unbegreiflichen Barmherzigkeit. Ich wünsche, daß das Fest der Barmherzigkeit Zuflucht und Unterschlupf für alle Seelen wird, besonders für die armen Sünder. An diesem Tag ist das Innere Meiner Barmherzigkeit geöffnet; Ich ergieße ein ganzes Meer von Gnaden über jene Seelen, die sich der Quelle Meiner Barmherzigkeit nähern. Jene Seele, die beichtet und die heilige Kommunion empfängt, erhält vollkommenen Nachlaß der Schuld und der Strafen; an diesem Tag stehen alle Schleusen Gottes offen, durch die Gnaden fließen. Keine Seele soll Angst haben, sich Mir zu nähern, auch wenn ihre Sünden rot wie Scharlach wären. Meine Barmherzigkeit ist so groß, daß sie in der ganzen Ewigkeit durch keinen Verstand, weder von Menschen noch von Engeln, ergründet werden kann. Alles, was besteht, kam aus dem Innern Meiner Barmherzigkeit. Jede Seele wird die ganze Ewigkeit über Meine Liebe und über Meine Barmherzigkeit nachsinnen. Das Fest der Barmherzigkeit ging aus Meinem Innern hervor; Ich wünsche, daß es am ersten Sonntag nach Ostern feierlich begangen wird. Die Menschheit wird keinen Frieden finden, solange sie sich nicht zur Quelle Meiner Barmherzigkeit hinwendet."* (TB 699) Ein Fest, das die „Schleusen Gottes" weit öffnet, soll in der Kirche eingeführt werden. Der vorgesehene Termin ist der Sonntag nach Ostern. Er trägt von jeher den Namen „Weißer Sonntag", eigentlich müßte er „Sonntag der abgelegten weißen Kleider" heißen. Der Name bezieht sich darauf, daß in der frühen Kirche die in der

Osternacht Getauften an diesem Sonntag ihre weißen Taufkleider ablegten und ihren Platz bei den übrigen Gläubigen einnahmen.

Heute wird an diesem Sonntag dasselbe Evangelium vorgetragen, das auch Schwester Faustyna am Weißen Sonntag gehört hat, und das von der Erscheinung des Auferstandenen vor den Aposteln und vom ungläubigen Thomas berichtet. (Joh 20, 19-31) „Nachdem er das gesagt hatte, hauchte er sie an und sprach zu ihnen: Empfangt den Heiligen Geist! Wem ihr die Sünden vergebt, dem sind sie vergeben; wem ihr die Vergebung verweigert, dem ist sie verweigert." (Joh 20,22f.) – Ist die Vollmacht zur Sündenvergebung nicht eine große „Schleuse Gottes", durch die uns im Sakrament der Versöhnung, in der heiligen Beichte, die Barmherzigkeit Gottes geschenkt wird? Wiederum wird deutlich, wie sich die Botschaft und die Visionen von Schwester Faustyna in die Tradition der Kirche und des Glaubens einfügen.

Es gibt in der Geschichte der Kirche Parallelen: Auch die Einführung des Fronleichnamsfestes und die Einführung des Festes des Heiligsten Herzen Jesu gehen auf private Offenbarungen zurück. Mehr als 61 Jahre nach dem Tod von Schwester Faustyna geht der Wunsch des Herrn in Erfüllung: Bei der Heiligsprechungsfeier am 30. April 2000 bestimmte Papst Johannes Paul II., daß der zweite

Sonntag der Osterzeit „von nun an in der ganzen
Kirche den Namen ‚Barmherzigkeitssonntag' haben

Papst Joh. Paul II. führt den
Barmherzigkeitssonntag ein

wird" und er gewährte im Jahr 2002 für diesen Sonntag unter den gewohnten Bedingungen (Beichte mit entschlossener Abkehr von jeder Sünde, Kommunionempfang und Gebet nach Meinung des Heiligen Vaters) einen vollkommenen Ablaß für die Gläubigen, die in einer Kirche oder einem Oratorium an einer Feier zu Ehren der göttlichen Barmherzigkeit teilnehmen oder wenigstens vor dem Allerheiligsten das Vaterunser und das Glaubensbekenntnis mit dem Zusatz einer kurzen Anrufung des barmherzigen Herrn Jesus (z.B. Barmherziger Jesus, ich vertraue auf dich!) beten. Ein Teilablaß kann an diesem Tag gewonnen werden, wenn man mit reuigem Herzen eine der rechtmäßig genehmigten Anrufungen an den barmherzigen Herrn Jesus richtet.[33]

Zur Vorbereitung des Barmherzigkeitssonntags dient die „Novene zur Göttlichen Barmherzigkeit". Eine Novene ist eine neuntägige Andacht: An neun aufeinanderfolgenden Tagen verrichtet man die Gebete, die zur Novene gehören. Seit dem 17. Jahrhundert ist die Novene eine beliebte Form, um in einer Notlage Hilfe zu erflehen, ein bestimmtes kirchliches Fest oder ein wichtiges Lebensereignis vorzubereiten. Das Vorbild dieser besonderen Gebetsform findet sich in der Apostelgeschichte, in der berichtet wird, wie die Jünger zusammen mit Maria und den anderen Frauen im Obergemach betend das Pfingstfest erwarten (Apg 1,13). Bereits 1936 erhält Schwester Faustyna den Auftrag, das Fest der Barmherzigkeit durch ein am Karfreitag beginnendes, neuntägiges Rosenkranzgebet vorzubereiten: *In dieser Novene werde Ich den Seelen alle Gnaden erteilen. (TB 796)* Ein Jahr später schreibt Schwester Faustyna im Auftrag Jesu eine ausführliche „Novene zur Göttlichen Barmherzigkeit" in ihr Tagebuch, die sie vor dem Barmherzigkeitssonntag beten soll (vgl. TB 1209ff.). An den verschiedenen Tagen wird für verschiedene Gruppen von Menschen (Sünder, Priester und Ordensleute, die frommen und treuen Seelen, die Heiden, die Irrlehrer und Abtrünnigen, die Kinder usw.) gebetet und um Barmherzigkeit gefleht.[34]

Ein weiteres Gebet, das Schwester Faustyna am 13. und 14. September 1935 in Vilnius geoffenbart wurde, ist der „Barmherzigkeitsrosenkranz". Schwester Faustyna hat eine endzeitliche Vision eines Engels, der Gottes Zorn auf Erden vollstrecken soll, und sie sieht die Größe und Heiligkeit Gottes. In ihrer Vision bittet sie Gott um Schonung für die Welt und sie sieht, wie ihr Gebet den Engel daran hindert, die gerechte Strafe für die Sünden zu verhängen. *Ich hatte noch niemals mit einer solchen inneren Macht gebetet wie damals. Die Worte, mit denen ich Gott anflehte, sind folgende: „Ewiger Vater, ich opfere Dir den Leib und das Blut auf, die Seele und die Gottheit Deines ge-*

liebten Sohnes, unseres Herrn Jesus Christus, für unsere Sünden und die der ganzen Welt. Um seines schmerzhaften Leidens willen habe mit uns Erbarmen." (TB 475) In einer weiteren Eingebung erklärt ihr Jesus, wie sie dieses Gebet mit einem normalen Rosenkranz beten kann.[35] Der Barmherzigkeitsrosenkranz ist ein echtes Sturmgebet, ein Flehen um Vergebung für den Beter und zugleich für die ganze Welt. Auch dieses Gebet wurde mit bestimmten Verheißungen versehen: *„Jede Seele, die dieses Rosenkranzgebet betet, verteidige Ich in der Stunde des Todes wie Meine Ehre. Auch wenn andere bei einem Sterbenden so beten, erhält er den gleichen Ablaß. Wenn dieses Gebet bei Sterbenden gebetet wird, besänftigt sich der Zorn Gottes und unergründliche Barmherzigkeit umfängt die Seele; die Tiefen Meiner Barmherzigkeit werden durch die schmerzhaften Leiden Meines Sohnes bewegt."* (TB 811) – *„Mir gefällt es, ihnen durch dieses Gebet alles zu schenken, worum sie Mich bitten. Die Seelen verstockter Sünder werde ich mit Frieden erfüllen, wenn sie dieses Gebet beten werden, und die Stunde ihres Todes wird glücklich sein. Schreibe für die betrübten Seelen: Wenn die Seele die Schwere ihrer Sünden sieht und erkennt, wenn sich vor ihren Augen der ganze Abgrund ihres Elends, in das sie sich gestürzt hat, ausbreitet, soll sie nicht verzweifeln, sondern sich mit Vertrauen in die Arme Meiner Barmherzigkeit werfen, wie ein Kind in die Arme seiner liebenden Mutter. Diese Seelen haben ein Vorzugsrecht auf Mein mitleidiges Herz, sie haben ein Vorrecht auf Meine Barmherzigkeit. Sage ihnen, daß keine einzige Seele, die*

Meine Barmherzigkeit anrief, enttäuscht oder beschämt worden ist. An einer Seele, die Meiner Güte vertraut, habe Ich
besonderes Wohlgefallen. Schreibe, wenn dieses Rosenkranzgebet zur Barmherzigkeit bei Sterbenden gebetet wird, werde
Ich zwischen Meinem Vater und dem Sterbenden nicht als
gerechter Richter stehen, sondern als Barmherziger Erlöser.“
(TB 1541)

Ganz in der klassischen Gebetstradition der Kirche
steht die „Stunde der Barmherzigkeit“. Es handelt
sich um die Todesstunde Jesu um 15.00 Uhr. Was
die Kirche jedes Jahr am Karfreitag um diese Zeit
in ihrer großartigen Liturgie vollzieht, soll zur täglichen, kurzen Übung werden. „Um drei Uhr flehe Meine Barmherzigkeit an, besonders für die Sünder. Vertiefe
dich wenigstens kurz in Mein Leiden, vor allem in Meine
Verlassenheit während des Sterbens. Das ist die Stunde der
großen Barmherzigkeit für die Welt. Ich erlaube dir, in
Meine Todestrauer einzudringen. In dieser Stunde versage
Ich nichts der Seele, die Mich durch Mein Leiden bittet.“
(TB 1320) – „Ich erinnere dich daran, Meine Tochter, daß
du, sooft du die Uhr die dritte Stunde schlagen hörst, dich
ganz in Meine Barmherzigkeit versenkst, sie verherrlichst
und sie preist. Rufe ihre Allmacht herab für die ganze Welt,
besonders aber für die armen Sünder, denn jetzt steht sie für
jede Seele weit geöffnet. In dieser Stunde kam die Gnade für
die ganze Welt. Barmherzigkeit besiegt die Gerechtigkeit.
Meine Tochter, bemühe dich in dieser Stunde, den Kreuzweg
abzuhalten. Wenn dir das aber nicht möglich ist, dann gehe

131

für eine Weile in die Kapelle und verehre Mein Herz, das voller Barmherzigkeit im Allerheiligsten Altarsakrament verweilt. Falls dir auch das nicht möglich ist, versenke dich, wenn auch nur kurz, im Gebet, an dem Ort, wo du gerade bist. Ich verlange für Meine Barmherzigkeit Ehre von jedem Geschöpf, aber zu allererst von dir, denn dir gab Ich dieses Geheimnis am tiefsten zu erkennen." (TB 1572)

Schließlich macht uns Schwester Faustyna durch ihr eigenes Leben wie durch ihren Auftrag, die Botschaft von der Barmherzigkeit zu verkünden, deutlich, daß es sich hier nicht um eine besondere oder exotische Frömmigkeitsübung handelt, sondern um eine Vertiefung und Verlebendigung der grundlegenden, christlichen Existenz. Vertrauen auf Gott, Christusnachfolge im Alltag, Gebet für andere, geduldiges Ertragen von Leid und Widerwärtigkeiten – all das sind ja Grundlagen unseres Glaubens und Lebens mit Gott. Jesus lädt uns ein, um Barmherzigkeit nicht nur zu bitten, sondern sie auch selber zu leben: *„Meine Tochter, wenn ich durch dich von den Menschen die Verehrung Meiner Barmherzigkeit verlange, mußt du dich als erste durch Vertrauen auf Meine Barmherzigkeit auszeichnen. Ich verlange von dir Taten der Barmherzigkeit, die aus deiner Liebe zu Mir hervorgehen sollen. Barmherzigkeit sollst du immer und überall deinen Nächsten erweisen, du kannst dich davor weder drücken noch ausreden oder entschuldigen. Es gibt drei Möglichkeiten, dem Nächsten Barmherzigkeit zu erweisen: Erstens –*

die Tat; zweitens - das Wort; drittens – das Gebet. In die-
sen drei Stufen ist die Fülle der Barmherzigkeit enthalten;
sie sind ein unumstößlicher Beweis der Liebe zu Mir." (TB
742, vgl. auch TB 1317) Durch Worte, Taten und das
Gebet soll die Barmherzigkeit im eigenen Leben
konkret werden. Auch hier wird deutlich, daß die
Botschaft von der Barmherzigkeit keine ganz neue,
bislang unbekannte Lehre ist, sondern tief im
Evangelium und im Glauben der Kirche wurzelt.
Im Anschluß an das Evangelium vom Weltgericht
(Mt 25, 31-44), in dem deutlich wird, daß sich unsere Gottesliebe in der praktisch geübten Nächstenliebe zeigen muß ("Denn ich war hungrig, und ihr
habt mir zu essen gegeben ..." Mt 25,35), lädt uns
die Kirche von jeher zu den sogenannten "Werken
der Barmherzigkeit" ein. Es sind "Liebestaten,
durch die wir unserem Nächsten in seinen leibli-
chen und geistigen Bedürfnissen zu Hilfe kommen.
Belehren, raten, trösten, ermutigen sowie vergeben
und geduldig ertragen sind geistliche Werke der
Barmherzigkeit. Leibliche Werke der Barmherzigkeit sind vor allem: die Hungrigen speisen, Ob-
dachlose beherbergen, Nackte bekleiden, Kranke
und Gefangene besuchen und Tote begraben. Unter diesen Werken ist das Almosengeben an Arme
eines der Hauptzeugnisse der Bruderliebe; es ist
auch eine Gott wohlgefällige Tat der Gerechtigkeit."[36]

Die Andacht zur Barmherzigkeit Gottes, zu der Schwester Faustyna uns einlädt, setzt vor allem die Haltung des Vertrauens voraus. Jesus schildert seiner „Sekretärin" ganz anschaulich, wie wichtig eine vertrauensvolle Haltung ist: *Aus Meiner Barmherzigkeit schöpft man Gnaden mit nur einem Gefäß – und das ist das Vertrauen. Je mehr eine Seele vertraut, umso mehr bekommt sie. Seelen, die unbegrenzt vertrauen, sind Mir eine große Freude, denn in solche Seelen gieße ich alle meine Gnadenschätze. Es freut Mich, daß sie viel verlangen, denn es ist Mein Wunsch, viel zu geben, und zwar sehr viel. Es betrübt mich dagegen, wenn die Seelen wenig verlangen und ihr Herz verengen. (TB 1578)*

Wer aus dieser Haltung des Vertrauens heraus versucht, Gott und den Nächsten zu lieben, der gehört zu denen, die den „Ruhm der Barmherzigkeit" verbreiten und denen Jesus zusagt: *„Seelen, die den Ruhm Meiner Barmherzigkeit verbreiten, beschütze Ich ihr Leben lang, wie eine zärtliche Mutter ihren Säugling beschützt, und in der Stunde des Todes werde Ich ihnen nicht Richter, sondern barmherziger Erlöser sein." (TB 1075)*

Schwester Faustyna: Botin der Göttlichen
Barmherzigkeit

Eine neue Heilige

Die katholische Kirche ist größer, als man denkt: Sie umfaßt nicht nur die „pilgernde Kirche" auf Erden, sondern auch die „leidende Kirche" derer, die nach dem Tod noch der Läuterung bedürfen, sowie die „triumphierende Kirche" des Himmels, die Gemeinschaft der Heiligen. Diese Kirche ist eine große Gemeinschaft des gegenseitigen Helfens und Schenkens, und so vertrauen wir in unserem Gebet und unseren Anliegen auf die Fürsprache der Heiligen, wie wir auch für die Verstorbenen beten. Dieses große Geheimnis scheint auf, wenn z.B. der heilige Dominikus sterbend zu seinen Ordensbrüdern sagt: „Weint nicht, nach meinem Tod werde ich euch mehr nützen und euch wirksamer unterstützen als während meines Lebens." Oder wenn die heilige Theresia von Lisieux ausruft: „Ich werde meinen Himmel damit verbringen, auf Erden Gutes zu tun!"[37] Von Schwester Faustyna gibt es ein Wort, das in dieselbe Richtung weist: *Ich fühle deutlich, daß mein Auftrag mit meinem Tod nicht enden, sondern beginnen wird. Ihr zweifelnden Seelen, ich werde für euch den Vorhang des Himmels lüften, um euch von der Güte Gottes zu überzeugen – damit ihr nicht länger das Süßeste Herz Jesu durch Mißtrauen verletzt. Gott ist die Liebe und die Barmherzigkeit. (TB 281)* Einhundert Jahre nach ihrem Geburtstag hat sich diese Voraussage auf eindrucksvolle Weise bestätigt; doch zunächst sah es so aus, als ob ihr Werk, das sich nach ihrem Tod langsam, aber sicher ausbreitete, keinen Bestand haben sollte. Die Kirche selbst war es, die hier einen Riegel vorschob. Das Heilige Offizium, wie die Glaubenskongregation damals hieß, veröffentlichte am 6. März 1959 eine Entscheidung („Notifikation"), die die Verbreitung der Bilder und Schriften zur Verehrung der Barmherzigkeit Gottes in der von Schwester Faustyna vorgestellten Form untersagte und die Bischöfe anwies, auf die Einhaltung dieses Verbots zu achten.[38] In der Folge wurden die Bilder des Barmherzigen Jesus in vielen Kirchen wieder entfernt (im Haus der Kongregation in Krakau konnte das Bild mit der Erlaubnis des zuständigen Erzbischofs verbleiben); die Kongregation der Muttergottes der Barmherzigkeit zog gedruckte Bildchen und Kleinschriften zurück. Der Grund für diese fast zwanzig Jahre während kirchliche Zensur ist in der großen Sorgfalt begründet, mit der die Kirche jede Privatoffenbarung prüft. So schien der kirchlichen Behörde die 1959 vorliegende Textversion des Tagebuchs offensichtlich an manchen Stellen nicht mit dem katholischen Glauben vereinbar.

Der Text des Tagebuchs wurde zunächst von einer Mitschwester auf der Schreibmaschine abgeschrieben. Diese erste Abschrift erhielt jedoch viele Ungenauigkeiten – Worte wurden hinzugefügt oder weggelassen, manche Teile des Originals fehlen ganz. Niemand hat sich der Mühe unterzogen, die Abschrift mit dem Original zu vergleichen. Weitere Abschriften der ersten maschinengeschriebenen Kopie erschienen und wurden sogar von polnischen Kirchenbehörden autorisiert. Erst 1967 wurde eine genaue, korrekte Abschrift des Tagebuchs erstellt.[39] Die stilistischen Eigenarten des Tagebuchs stellen einen Kopisten oder Übersetzer vor manche Schwierigkeiten. So hat Schwester Faustyna Zitate von Jesus in der Regel nicht kenntlich gemacht, sie ging von eigenen Worten übergangslos zu den Worten des Herrn über. Erst nachträglich hat sie auf Bitten ihres Beichtvaters die Worte Jesu mit Bleistift unterstrichen. Wenn unter diesen Umständen eine Abschrift nicht mit der größtmöglichen Sorgfalt erstellt wird, kann es leicht geschehen, daß einzelne Stellen unverständlich sind oder so verändert werden, daß sie mit dem katholischen Glauben nicht mehr übereinstimmen. Auch scheinbare Kleinigkeiten können hier eine große Wirkung haben. Wenn z.B. Jesus das „Fest der Barmherzigkeit" als „letzten Rettungsanker" bezeichnet, so macht es einen Unterschied, ob dies ausschließlich gemeint ist, also so, als ob es ohne das Fest der Barmherzigkeit keine Rettung für die Menschen gäbe, oder nicht.[40]

Reliquienschrein der heiligen Schwester Faustyna

Am 30. Juni 1978 wird die Entscheidung des Heiligen Offiziums aufgehoben.[41] Die Glaubenskongregation ist von verschiedenen Seiten gebeten worden, das damalige Urteil, das die Verbreitung des Bildes des Barmherzigen Jesus und der Schriften der Schwester Faustyna untersagte, zu überprüfen.

Zwischenzeitlich ist aber bereits anderes geschehen: Siebenundzwanzig Jahre nach dem Tod von Schwester Faustyna eröffnet Bischof Groblicki den „Informationsprozeß". In diesem Verfahren werden alle Schriften Schwester Faustynas geprüft und alle Zeugen verhört, die sie gekannt haben. Während dieses Prozesses werden die sterblichen

Überreste von Schwester Faustyna umgebettet und in einem neuen Grab in der Klosterkapelle der Kongregation beigesetzt. Am 20. September 1967 beendet Kardinal Karol Wojtyla den Informationsprozeß der „Dienerin Gottes", wie Schwester Faustyna nun genannt werden darf. Fast fünf Monate später wird der Seligsprechungsprozeß eröffnet. Die Kirche nimmt sich wieder Zeit und prüft sorgfältig. Am 18. April 1993 wird die Dienerin Gottes, Schwester Maria Faustyna Kowalska, von Papst Johannes Paul II. in Rom seliggesprochen, am 30. April des Heiligen Jahres 2000 verkündet der Papst aus Polen vor mehr als 200.000 Gläubigen auf dem Petersplatz ihre Heiligsprechung. Der Unterschied zwischen „Seligen" und „Heiligen" besteht nur im Grad der Verehrung durch die Kirche. „Selige" werden in bestimmten Teilen der Kirche mit eigenen Gedenktagen geehrt, „Heilige" werden in den Kalender der ganzen Kirche aufgenommen. Einmal schreibt Schwester Faustyna über einen Traum, in dem sie der heiligen Theresia von Lisieux begegnet und mit ihr spricht: *Ich fragte sie: „Hl. Therese, sage mir, werde ich im Himmel sein?" – Sie entgegnete: „Ja, Schwester, Sie werden im Himmel sein." – „Und werde ich heilig sein?" – Sie erwiderte: „Ja, Schwester, Sie werden heilig sein." – „Aber Therese, werde ich so heilig sein wie du, auf den Altären?" – Sie entgegnete: „Ja, du wirst heilig sein wie ich, aber du mußt Jesus vertrauen." (TB 150)*

Das polnische Sprichwort „Träume sind Lügen, nur Gott kann man glauben", das sich Schwester Faustyna als Kind so oft anhören mußte, trifft auf sie nicht zu. Ihre „Träume", ihre Visionen, waren keine Lügen, sondern Offenbarung Jesu, der ihr die Botschaft von der unendlichen Barmherzigkeit Gottes anvertraut hat.

Nachwort

Viele, die dem Leben und der Geschichte von Schwester Faustyna zum ersten Mal begegnen, erleben zwei widerstreitende Empfindungen. Zum einen ist da ein vages Gefühl der Ablehnung. Visionen? Mystische Erlebnisse? Das hört sich überspannt und merkwürdig an, das paßt nicht zum eigenen, nüchternen und normalen katholischen Glaubensleben und zum Alltag einer Pfarrgemeinde. Zum anderen ist da aber auch das Gefühl der Ungerechtigkeit: Warum habe ich es nicht so leicht? Warum sagt mir Jesus nicht direkt, worin sein Wille besteht? Warum habe ich Zweifel und lebe oft in Ungewißheit, ob ich auf dem richtigen Weg bin? Warum sagt Jesus nicht auch zu mir: *„Fürchte nichts; was anderen verboten ist, das ist dir gegeben; Gnaden, die andere Seelen nicht einmal von weitem sehen dürfen, sind deine alltägliche Speise, wie das tägliche Brot." (TB 1753)* ?

Natürlich stellt das Beispiel von Schwester Faustyna die Ausnahme, nicht die Regel dar. Und natürlich sind visionäre Mystiker uns zunächst einmal fremd. Wenn uns jemand sagt: „Ich habe Jesus gesehen, und er hat zu mir gesprochen!", dann denken wir: „O nein, ein Fall für die Klapsmühle, wer holt schon mal den Doktor?" Und es ist auch wirklich nötig, den Boom von Privatoffenbarungen und übernatürlichen Erlebnissen, der sich derzeit beobachten läßt, sorgfältig und kritisch zu prüfen. Und genau das tut die Kirche. Das offizielle Lehramt der Kirche ist daher für jeden ein guter und bindender Maßstab im Umgang mit Mystik und Visionen.

Und nur weil uns etwas fremd und merkwürdig vorkommt und wir zunächst einmal nicht viel damit anfangen können, heißt das noch nicht, daß da etwas faul ist. Unsere subjektive Einschätzung bildet kein Kriterium für die Frage nach der Echtheit oder Wirklichkeit mystischer Erlebnisse. Fairerweise müssen wir zumindest zugestehen, daß es solche Erlebnisse und Erfahrungen geben kann. Viel spannender ist doch eine andere Frage. Es mag sein, daß Schwester Faustyna ein vertrautes Verhältnis zu Jesus hatte und Visionen erlebte. Aber was habe ich davon? Ist es so, daß mir all dies völlig wahnsinnig erscheint und ich selbst für meinen Glauben davon nichts habe? Oder ist es so, daß die Geschichte von Schwester Faustyna gar nicht so wahnsinnig ist, wie sie sich zunächst anhört, daß sie für mich, für mein Glaubensleben und meine Glaubenspraxis einige gute Anregungen geben kann?

Ich kann mir in diesem Zusammenhang aber auch noch eine ganz andere Frage stellen: Wie sieht es denn mit meinem katholischen Glauben eigentlich

Klostergelände Lagiewniki bei Krakau

aus? Wenn ich ihn ernst nehme, dann glaube ich
doch auch als nüchterner, mit beiden Beinen fest
im Leben stehender Katholik an merkwürdige, unseren Verstand übersteigende Wunder. Glaube ich
nicht, daß Jesus im Evangelium zu mir spricht?
Glaube ich nicht, daß in der heiligen Messe die Gaben von Brot und Wein wirklich und wahrhaftig in
den Leib und das Blut Christi gewandelt werden
und daß Jesus Christus wirklich mit Gottheit und
Menschheit, mit Leib und Seele in diesem Sakrament gegenwärtig ist? Daß Er mir in der Beichte
durch den Priester die Vergebung all meiner Schuld
schenkt? Und kenne ich nicht auch Seinen Willen?

145

Neue Kirche beim Kloster der
heiligen Schwester Faustyna

Er hat zu den Aposteln gesagt: „Wer euch hört, der
hört mich!" (Lk 10,16). Wenn ich will, dann kann
ich Seinen Willen auch heute durch die Stimme der
Kirche hören. So ganz ohne Wunder und unseren
Verstand übersteigende Glaubensgeheimnisse komme ich auch als normaler Katholik nicht aus.

Hatte Schwester Faustyna es leichter als wir? Diese
Frage können wir ruhig verneinen. Der Weg der
Mystik ist ein anderer Weg des Glaubens, nicht ein
leichterer. Jesus hat mit jedem Menschen einen eigenen Plan – ob er ihn in einer mystischen Erfahrung spektakulär enthüllt oder ob er ihn durch viele

kleine Umstände des Alltags nach und nach deutlich macht. Es kommt darauf an, daß wir unseren Weg suchen und gehen. Und hierbei kann uns das Beispiel von Schwester Faustyna helfen: das Beispiel ihres Gottvertrauens, das Beispiel ihres Glaubens im Alltag und das Beispiel ihrer großen Sehnsucht nach Jesus Christus.

Anhang

Der Barmherzigkeitsrosenkranz (TB 475ff.)

Er kann mit einem normalen Rosenkranz gebetet werden. Am Anfang betet man das *Vater unser*, das *Gegrüßet seist du Maria* und das *Apostolische Glaubensbekenntnis*. Dann folgt auf den großen Perlen das Gebet:

Ewiger Vater, ich opfere Dir auf den Leib und das Blut, die Seele und die Gottheit Deines über alles geliebten Sohnes, unseres Herrn Jesus Christus, um Verzeihung für unsere Sünden und die Sünden der ganzen Welt zu erlangen.

Mit den zehn kleinen Perlen wird jeweils gebetet:
Durch Sein schmerzhaftes Leiden habe Erbarmen mit uns und mit der ganzen Welt.

Man beschließt den Barmherzigkeitsrosenkranz, indem man dreimal betet:
Heiliger Gott, heiliger starker Gott, heiliger unsterblicher Gott, habe Erbarmen mit uns und mit der ganzen Welt.

Die Novene zur Göttlichen Barmherzigkeit
(TB 1209-1229)

Novene zur Göttlichen Barmherzigkeit, die mir Jesus niederzuschreiben und vor dem Fest der Barmherzigkeit zu beten befahl. Sie beginnt am Karfreitag. – „Ich wünsche, daß du während der neun Tage Seelen zur Quelle Meiner Barmherzigkeit hinführst, damit sie Kraft, Trost und allerlei Gnaden schöpfen, die sie für die Mühsal des Lebens benötigen, besonders aber in der Stunde des Todes. An jedem Tag wirst du Meinem Herzen eine andere Gruppe von Seelen zuführen und sie in das Meer Meiner Barmherzigkeit tauchen. Und Ich werde all` diese Seelen in das Haus Meines Vaters führen. Du wirst diese Tätigkeit in diesem und im zukünftigen Leben ausüben. Und ich werde keiner Seele, die du zur Quelle Meiner Barmherzigkeit führst, etwas versagen. Du wirst Meinen Vater jeden Tag, durch Mein bitteres Leiden, um Gnaden für diese Seelen bitten." – Ich entgegnete: „Jesus, ich weiß nicht, wie diese Novene abzuhalten ist und welche Seelen ich zuerst zu Deinem Barmherzigsten Herzen führen soll." Und Jesus entgegnete, daß Er mir für jeden Tag sagen werde, welche Seelen ich in Sein Herz führen solle.

Erster Tag

„Heute führe Mir die ganze Menschheit zu, besonders aber alle Sünder und tauche sie ein in das Meer Meiner Barmherzigkeit; damit tröstest du Mich in Meiner bitteren Trauer, in die Mich der Verlust der Seelen versenkt."

Barmherzigster Jesus, Deine Eigenschaft ist es, Dich unser zu erbarmen und uns zu verzeihen. Schaue nicht auf unsere Sünden, sondern auf unser Vertrauen, das wir zu Deiner unendlichen Güte haben. Nimm uns auf in die Wohnung Deines Barmherzigsten Herzens und behalte uns ewig in ihr. Darum bitten wir durch Deine Liebe, in der Du mit dem Vater und dem Heiligen Geist vereint bist.

O Allmacht der Barmherzigkeit Gottes,
Du Rettung des Menschen in Sünde,
Du bist Barmherzigkeit – ein Meer des Erbarmens,
Und hilfst dem, der in Demut Dich findet.
Ewiger Vater, richte Dein gütiges Auge auf die ganze Menschheit, besonders aber auf die armen Sünder; sie ist im Barmherzigsten Herzen Jesu geborgen. Um Seiner bitteren Leiden willen erweise uns Dein Erbarmen, auf daß die Allmacht Deiner Barmherzigkeit gepriesen werde in alle Ewigkeit. Amen.

Zweiter Tag

„Heute führe Mir alle Seelen der Priester und Ordensleute zu und tauche sie ein in Meine unergründliche Barmherzigkeit. Sie gaben mir die Kraft, das bittere Leiden zu ertragen. Durch sie, wie durch Kanäle, ergießt sich Meine Barmherzigkeit über die Menschheit."

Barmherzigster Jesus, von Dir kommt alles, was gut ist – vervielfache in uns die Gnade, damit wir würdige Taten der

Barmherzigkeit vollbringen, auf daß jene, die auf uns schauen, den Himmlischen Vater der Barmherzigkeit preisen.

Ein Born der göttlichen Liebe,
Ist in reinen Herzen zu Gast,
Herzen, gewandelt im Meer des Erbarmens,
Leuchten wie Sterne im Dunkel der Nacht.

Ewiger Vater, siehe mit Deinem gütigen Auge auf die auserwählte Schar in Deinem Weinberg. Auf die Seelen der Priester und Ordensleute und verleihe ihnen die Macht Deines Segens. Durch das Herzensgefühl Deines Sohnes, in dem sie geborgen sind, erteile ihnen die Kraft Deines Lichtes, damit sie anderen auf dem Weg der Erlösung vorangehen können, um gemeinsam Deiner unergründlichen Barmherzigkeit Lob zu singen in Ewigkeit. Amen.

Dritter Tag

„Heute führe alle frommen und treuen Seelen zu Mir und tauche sie ein in das Meer Meiner Barmherzigkeit. Diese Seelen haben Mich auf dem Kreuzweg getröstet; sie waren der Tropfen Erquickung im Meer der Bitterkeit."

Barmherzigster Jesus, Du schenkst uns allen reichliche Gnaden aus dem Schatz Deiner Barmherzigkeit. Nimm uns in die Wohnung Deines Barmherzigsten Herzens auf und lasse uns aus ihm in Ewigkeit nicht heraus. Wir bitten Dich darum, durch Deine unbegreifliche Liebe, in der Dein

Herz zum Himmlischen Vater brennt. Unerforscht bleibt
des Erbarmens Geheimnis.
Nicht Sünder noch Gerechter kann es verstehen.
Auf alle schaust Du barmherzigen Auges,
Und alle willst du mit Liebe versehen.

*Ewiger Vater, siehe mit Deinen barmherzigen Augen auf
die treuen Seelen herab, wie auf die Erbschaft Deines Sohnes. Erteile ihnen, um Seiner bitteren Leiden willen, Deinen
Segen und nimm sie in Deine fortwährende Obhut, damit sie
die Liebe und den Schatz des heiligen Glaubens nicht verlieren, sondern mit der ganzen Schar der Engel und Heiligen
Deine unendliche Barmherzigkeit preisen in alle Ewigkeit.
Amen.*

Vierter Tag

*„Heute bringe mir die Heiden und jene, die Mich noch nicht
kennen. Auch an sie habe Ich während Meines bitteren Leidens gedacht. Ihr künftiger Eifer tröstet Mein Herz. Tauche
sie ein in das Meer Meiner Barmherzigkeit."*

*Gnädigster Jesus, Du bist das Licht der ganzen Welt.
Nimm in die Wohnung Deines gnädigsten Herzens die Seelen der Heiden, die Dich noch nicht kennen, auf. Mögen die
Strahlen Deiner Gnade sie erleuchten, damit auch sie gemeinsam mit uns die Wunder Deiner Barmherzigkeit preisen, und lasse sie aus der Wohnung Deines Barmherzigsten
Herzens nicht mehr fortgehen.*

Möge die Leuchtkraft Deiner Liebe
Der Seelen Finsternis erhellen.
Gib, daß die Seelen Dich erkennen,
Barmherzigkeit mit Lob benennen.

Ewiger Vater, siehe mit Deinen barmherzigen Augen auf
die Seelen der Heiden, die Dich noch nicht kennen, die aber
im Barmherzigsten Herzen Jesu geborgen sind, herab. Führe
sie zum Licht des Evangeliums. Diese Seelen wissen nicht,
wie groß das Glück ist, Dich zu lieben. Bewirke, daß auch
sie die Fülle Deiner Barmherzigkeit rühmen in alle Ewig-
keit. Amen.

Fünfter Tag

"Heute führe die Seelen der Häretiker und Abtrünnigen zu
Mir und tauche sie ein in das Meer Meiner Barmherzigkeit.
Im bitteren Leiden zerrissen sie Meinen Leib und Mein
Herz – das ist Meine Kirche. Wenn sie zur Einheit der
Kirche zurückkehren, dann heilen Meine Wunden und da-
mit lindern sie Meine Qualen."

Selbst jenen, die Dein Gewand der Einheit trennten,
Fließt aus Deinem Herzen Barmherzigkeit zu.
Die Allmacht Deiner Barmherzigkeit, o Gott,
Führt diese Seelen aus Fehler und Not.
Barmherzigster Jesus, Du bist die Güte Selbst. Du versagst
denen, die Dich darum bitten, die Erleuchtung nicht. Nimm
in die Wohnung Deines Barmherzigsten Herzens die Seelen

der Häretiker und Abtrünnigen auf und führe sie in Deinem Licht zur Einheit der Kirche. Entlasse sie nicht aus der Wohnung Deines Barmherzigsten Herzen und bewirke, daß auch sie die Großzügigkeit Deiner Barmherzigkeit preisen.

Ewiger Vater, schaue barmherzigen Auges auf die Seelen der Häretiker und Abtrünnigen, die Deine Güter vergeudet und Deine Gnaden mißbraucht haben, indem sie hartnäckig an ihren Fehlern festhalten. Siehe nicht auf ihre Fehler, sondern auf die Liebe Deines Sohnes und auf Sein bitteres Leiden, das Er für sie auf sich genommen hat, weil auch sie im Barmherzigsten Herzen Jesu eingeschlossen sind. Bewirke, daß auch sie Deine große Barmherzigkeit preisen in alle Ewigkeit. Amen.

Sechster Tag

„Heute bringe stille und demütige Seelen und auch die der kleinen Kinder zu Mir und tauche sie ein in Meine Barmherzigkeit. Diese Seelen haben die größte Ähnlichkeit mit Meinem Herzen. Sie stärken Mich in Meinen bitteren Todesqualen. Ich betrachte sie als Meine Engel auf Erden, die Meine Altäre bewachen werden. Über sie ergieße Ich ganze Ströme von Gnaden. Meine Gnade kann lediglich eine demütige Seele entgegennehmen; demütigen Seelen schenke Ich Mein Vertrauen.“

Barmherzigster Jesus, Du Selbst hast gesagt: „Lernt von Mir, Ich bin sanftmütigen und demütigen Herzens.“ Nimm in die Wohnung Deines Barmherzigsten Herzens sanftmütige und demütige Seelen auf und die Seelen der kleinen Kinder. Diese Seelen entzücken den ganzen Himmel und finden beim Himmlischen Vater besonderes Wohlgefallen. Sie sind der Blumenstrauß vor Gottes Thron und Gott Selbst erfreut sich an ihrem Duft. Diese Seelen haben im Herzen Jesu eine ständige Wohnung und sie singen ununterbrochen das Loblied der Liebe und Barmherzigkeit bis in Ewigkeit.

Die Seele, die wahrhaft demütig, still,
Atmet das Paradies schon hier auf Erden.
Der Duft ihres demütigen Herzens
Kann selbst dem Schöpfer zur Freude werden.

Ewiger Vater, schau mit dem Auge Deiner Barmherzigkeit auf die stillen, demütigen Seelen herab und auf die Seelen kleiner Kinder. Sie alle sind in die Wohnung des Barmherzigsten Herzen Jesu aufgenommen. Diese Seelen ähneln Deinem Sohn am meisten. Der Wohlgeruch dieser Seelen erhebt sich von der Erde und reicht bis zu Deinem Thron. Vater der Barmherzigkeit und jeglicher Güte, ich bitte Dich durch die Liebe und das Wohlgefallen, das Du an diesen Seelen hast, segne die ganze Welt, damit alle Seelen gemeinsam Deiner Barmherzigkeit Lob singen in alle Ewigkeit. Amen.

Siebenter Tag

„Heute führe die Seelen zu Mir, die Meine Barmherzigkeit besonders ehren und rühmen und tauche sie ein in Meine

156

Barmherzigkeit. Diese Seelen haben Mein Leiden am meisten beklagt und sie sind am tiefsten in Meinen Geist eingedrungen. Sie sind das lebendige Spiegelbild Meines Barmherzigsten Herzens. Diese Seelen werden im künftigen Leben in besonderer Helligkeit erstrahlen. Keine von ihnen verfällt dem Feuer der Hölle; in der Stunde des Todes werde Ich jede von Ihnen besonders verteidigen."

Barmherzigster Jesus, Dein Herz ist die Barmherzigkeit selbst. Nimm in die Wohnung Deines Barmherzigsten Herzens jene Seelen auf, die die Größe Deiner Barmherzigkeit besonders verehren und verherrlichen. Diese Seelen sind mächtig durch die Kraft Gottes selbst in jeder Pein und Widerwärtigkeit; sie gehen voran im Vertrauen auf Deine Barmherzigkeit. Diese Seelen sind mit Jesus vereint und tragen auf ihren Schultern die gesamte Menschheit. Strengem Gericht werden sie nicht unterzogen, weil sie im Tode von Deiner Barmherzigkeit umhüllt sein werden.

Die Seele, die des Herren Güte preist,
Erfährt auch Seine besondere Liebe.
Sie ist dem lebendigen Quell ganz nah,
Und schöpft Gnaden aus Barmherzigkeit.

Ewiger Vater, siehe barmherzigen Auges auf jene Seelen, die Deine größte Eigenschaft, die unergründliche Barmherzigkeit, preisen und ehren. Sie sind im Barmherzigsten Herzen Jesu eingeschlossen. Diese Seelen sind das lebendige Evangelium. Ihre Hände sind gefüllt mit barmherzigen Taten. Ihre Seele, mit Freude überfüllt, singt ein Lied der höchsten Barmherzigkeit. Ich bitte Dich, Gott, erweise Ihnen Barmherzigkeit gemäß der Hoffnung und dem Vertrauen, das sie zu Dir haben. Möge sich an ihnen die Verheißung Jesu vollziehen: „Seelen, die Meine unergründliche Barmherzigkeit verehren, werde Ich Selbst wie Meine eigene Ehre verteidigen, im Leben und besonders in der Stunde des Todes."

Achter Tag

„Heute führe jene Seelen zu Mir, die im Gefängnis des Fegefeuers sind und tauche sie ein in den Abgrund Meiner Barmherzigkeit. Mögen die Ströme Meines Blutes ihren Brand kühlen. Diese Seelen werden von Mir sehr geliebt. Sie leisten Meiner Gerechtigkeit Genugtuung. Es steht in deiner Macht, ihnen Linderung zu bringen. Nimm aus dem Schatz Meiner Kirche alle Ablässe und opfere sie auf für sie ... O, würdest du ihre Qualen kennen, du würdest ununterbrochen geistige Almosen für sie opfern und ihre Schuld an Meine Gerechtigkeit abtragen."

Barmherzigster Jesus, Du Selbst hast gesagt, daß Du Barmherzigkeit verlangst. So führe ich in die Wohnung Deines Barmherzigsten Herzens die Seelen des Fegefeuers, die Du sehr lieb hast, die sich aber dennoch aus Deiner Gerechtigkeit loskaufen müssen. Mögen die Ströme Deines Blutes und Wassers, die Deinem Herzen entrinnen, die Glut des reinigenden Feuers verlöschen, auf daß auch dort die Macht Deiner Barmherzigkeit gepriesen werde.

Aus dem quälenden Feuer des Reinigungsortes,
Steigt Seufzen auf zu Deinem Erbarmen.
Und sie erfahren Linderung, Trost,
Durch Dein Blut und Wasser – verströmt für die Armen.

Ewiger Vater, schau mit Deinen barmherzigen Augen auf die im Reinigungsort leidenden Seelen, die aber im Barmherzigsten Herzen Jesu geborgen sind. Ich bitte Dich durch das bittere Leiden Jesu, Deines Sohnes, und die Bitternis, mit der Seine heiligste Seele erfüllt war, erweise Deine Barmherzigkeit den Seelen, die unter dem Auge Deiner Gerechtigkeit sind. Schau auf sie nicht anders, als durch die Wunden Deines vielgeliebten Sohnes, Jesus; denn wir glauben daran, daß Deine Güte und Dein Erbarmen ohne Zahl ist.

Neunter Tag

„Heute führe Mir erkaltete Seelen herbei und tauche sie ein in den Abgrund Meiner Barmherzigkeit. Diese Seelen verwunden Mein Herz am schmerzlichsten. Im Ölgarten erfuhr Meine Seele den größten Abscheu von einer einzigen erkalteten Seele. Kalte Seelen waren der Grund für Meine Worte: „Vater, nimm diesen Kelch hinweg, doch nur wenn es Dein Wille ist." Ihr letzter Rettungsanker ist die Flucht zu Meiner Barmherzigkeit."

Barmherzigster Jesus, Du bist das reine Erbarmen; ich bringe in die Wohnung Deines Barmherzigsten Herzens erkaltete Seelen. Mögen sich diese vereisten Seelen, die toten

Leibern ähneln und Dich mit solchem Ekel erfüllen, am Feuer Deiner reinen Liebe aufwärmen. O Barmherzigster Jesus, gebrauche die Allmacht Deiner Barmherzigkeit und ziehe sie hinein in die Glut Deiner Liebe und schenke ihnen heilige Liebe, denn Du vermagst alles.

Feuer und Eis gehören nicht zusammen,
Eines von ihnen schmilzt oder verlischt.
Doch Deine Barmherzigkeit, guter Gott,
Bringt Hilfe dem noch größeren Nichts.

Ewiger Vater, siehe barmherzigen Auges auf die erkalteten Seelen, die aber im Barmherzigsten Herzen Jesu geborgen sind. Vater der Barmherzigkeit, ich flehe zu Dir durch das bittere Leiden Deines Sohnes und durch Sein dreistündiges Sterben am Kreuz, billige, daß auch sie den Abgrund Deiner Barmherzigkeit preisen ... "

Aus dem Vermächtnis von
Johannes Paul II.

Die Ansprache bei der Heiligsprechung der seligen Maria Faustyna Kowalska vom 30. April 2000

1. »Danket dem Herrn, denn er ist gütig, denn seine Huld währt ewig« (Ps 118,1). So betet die Kirche in der Osteroktav, indem sie diese Worte des Psalms geradezu von den Lippen Christi abliest; von den Lippen des auferstandenen Christus, der im Abendmahlssaal die große Botschaft von der göttlichen Barmherzigkeit überbringt und der die Apostel mit dem Auftrag betraut: »Friede sei mit euch! Wie mich der Vater gesandt hat, so sende ich euch [.] Empfangt den Heiligen Geist! Wem ihr die Sünden vergebt, dem sind sie vergeben; wem ihr die Vergebung verweigert, dem ist sie verweigert« (Joh 20,21-23). Bevor Jesus diese Worte ausspricht, zeigt er seine Hände und seine Seite. Er verweist also auf die Wundmale seines Leidens, insbesondere die Wunde seines Herzens. Es ist die Quelle, aus der die große Woge der Barmherzigkeit entspringt, die sich über die Menschheit ergießt. Aus diesem Herzen wird Schwester Faustyna Kowalska, die wir von nun an »Heilige« nennen, zwei Lichtstrahlen ausgehen sehen, die die Welt erleuchten: »Die beiden Strahlen – so erklärte ihr eines Tages Jesus selbst – bedeuten Blut und Wasser« (Tagebuch der

Schwester Maria Faustyna Kowalska, Hauteville/Schweiz, 1990, S. 119).

2. Blut und Wasser! Unsere Gedanken richten sich auf das Zeugnis des Evangelisten Johannes: er sah, als auf dem Kalvarienberg einer der Soldaten mit der Lanze in die Seite Christi stieß, »Blut und Wasser« herausfließen (vgl. Joh 19,34). Und wenn das Blut an das Kreuzesopfer und das Geschenk der Eucharistie denken läßt, so erinnert das Wasser in der Symbolik des Johannes nicht nur an die Taufe, sondern auch an die Gabe des Heiligen Geistes (vgl. Joh 3,5; 4,14; 7,37-39). Die göttliche Barmherzigkeit erreicht die Menschen durch das Herz des gekreuzigten Christus: »Sage, Meine Tochter, daß Ich ganz Liebe und Barmherzigkeit bin«, so wird Jesus Schwester Faustyna bitten (Tagebuch, a.a.O., S. 337). Diese Barmherzigkeit gießt Christus über die Menschheit durch die Sendung des Heiligen Geistes aus, der in der Dreifaltigkeit die »Person der Liebe« darstellt. Und ist denn nicht die Barmherzigkeit ein »anderer Name« für die Liebe (Dives in misericordia, 7), verstanden im Hinblick auf ihre tiefste und zärtlichste Seite, auf ihre Eigenschaft, sich um jedwede Not zu sorgen, und insbesondere in ihrer grenzenlosen Fähigkeit zur Vergebung?

3. Meine Freude ist fürwahr groß, der ganzen Kirche heute das Lebenszeugnis von Schwester Faustyna Kowalska gewissermaßen als Geschenk Gottes an unsere Zeit vorzustellen. Die göttliche Vorsehung hat das Leben dieser demütigen Tochter Polens ganz und gar mit der Geschichte des zwanzigsten Jahrhunderts verbunden, das wir gerade hinter uns gelassen haben. So hat ihr Christus zwischen dem Ersten und dem Zweiten Weltkrieg seine Botschaft der Barmherzigkeit anvertraut. Diejenigen, die sich daran erinnern, weil sie Zeugen der Ereignisse jener Jahre waren und das schreckliche Leid von Millionen von Menschen miterlebten, wissen nur zu gut, wie notwendig die Botschaft von der Barm,herzigkeit war.

Jesus sagte zu Schwester Faustyna: »Die Menschheit wird keinen Frieden finden, solange sie sich nicht mit Vertrauen an Meine Barmherzigkeit wendet« (Tagebuch, a.a.O., S. 119). Durch das Werk der polnischen Ordensfrau verband sich diese Botschaft für immer mit dem zwanzigsten Jahrhundert, dem letzten des zweiten Jahrtausends und der Brücke hin zum dritten Jahrtausend. Diese Botschaft ist nicht neu, obgleich sie als ein Geschenk besonderer Erleuchtung angesehen werden kann, die uns hilft, die österliche Frohbotschaft erneut intensiv zu erleben, um sie den Männern und Frauen unserer Zeit wie einen Lichtstrahl anzubieten.

4. Daher ist es wichtig, daß wir am heutigen zweiten Sonntag in der Osterzeit, der von nun an in der ganzen Kirche den Namen »Barmherzigkeitssonntag« haben wird, die Botschaft des Wortes Gottes in ihrer Gesamtheit erfassen. In den verschiedenen Lesungen scheint die Liturgie den Weg der Barmherzigkeit nachzuzeichnen: Indem sie diese Beziehung eines jeden zu Gott wiederherstellt, er weckt sie auch unter den Menschen ein neues Verhältnis brüderlicher Solidarität. Christus hat uns gelehrt, daß »der Mensch das Erbarmen Gottes nicht nur empfängt und erfährt, sondern auch berufen ist, an seinen Mitmenschen ‚Erbarmen zu üben‘: ‚Selig die Barmherzigen, denn sie werden Erbarmen finden‘ (Mt 5,7)« (Dives in misericordia, 14). Sodann hat er uns die vielfältigen Wege der Barmherzigkeit aufgezeigt, die nicht nur Sünden vergibt, sondern die auch allen Bedürfnissen der Menschen entgegenkommt. Jesus hat sich zu jedem menschlichen Elend hinabgebeugt, sei es materieller oder geistlicher Natur.

Seine Botschaft der Barmherzigkeit erreicht uns weiterhin durch die Geste seiner zum leidenden Menschen hin ausgestreckten Hände. So hat ihn Schwester Faustyna gesehen und ihn den Menschen aller Kontinente verkündet. Im Konvent von Lagiewniki, in Krakau, machte sie ihr Dasein zu einem Lobgesang auf die Barmherzigkeit: »Misericordias

Domini in aeternum cantabo«. [Von den Taten deiner Huld, Herr, will ich ewig singen] (Ps 88 [89], 2.)

5. Die Heiligsprechung von Schwester Faustyna ist außerordentlich bedeutsam: durch diese Geste möchte ich heute dem neuen Jahrtausend diese Botschaft übermitteln. Ich übergebe sie allen, damit sie lernen, immer besser das wahre Antlitz Gottes und das wahre Antlitz der Brüder zu erkennen.

Die Liebe zu Gott und die Liebe zu den Brüdern sind nämlich untrennbar miteinander verbunden, wie uns der erste Brief des Johannes ins Gedächtnis gerufen hat: »Wir erkennen, daß wir die Kinder Gottes lieben, wenn wir Gott lieben und seine Gebote erfüllen« (5,2). Der Apostel erinnert uns hier an die Wahrheit der Liebe, indem er uns die Befolgung der Gebote als deren Maß und Richtschnur aufzeigt.

Es ist nämlich nicht leicht, mit einer tiefen Liebe zu lieben, die in der wahrhaftigen Gabe der eigenen Person besteht. Diese Liebe erlernt man allein in der Schule Gottes, durch die Wärme seiner Liebe. Indem wir unseren Blick zu ihm hinwenden und uns auf sein Vaterherz hin ausrichten, werden wir befähigt, mit anderen Augen auf die Brüder zu schauen, in einer Haltung der Selbstlosigkeit und der Anteilnahme, der Großherzigkeit und Vergebung. All dies ist Barmherzigkeit! Je nachdem wie die Menschheit es verstehen wird, das Geheimnis dieses barmherzigen Blickes zu erfahren, wird sich das idealisierte, in der ersten Lesung vorgestellte Bild als eine realisierbare Perspektive herausstellen: »Die Gemeinde der Gläubigen war ein Herz und eine Seele. Keiner nannte etwas von dem, was er hatte, sein Eigentum, sondern sie hatten alles gemeinsam« (Apg 4,32). Hier wurde die Barmherzigkeit des Herzens auch zum Stil der Beziehungen untereinander, zum Projekt der Gemeinschaft und zur gemeinsamen Teilhabe an den Gütern. Hier sind die »Werke der Barmherzigkeit« geistiger und leiblicher Art aufgeblüht. Hier hat sich die Barmherzigkeit konkret zum »Nächsten« gegenüber den notleidenden Brüdern gemacht.

6. Schwester Faustyna Kowalska hat in ihrem Tagebuch geschrieben: »Ich empfinde furchtbaren Schmerz, wenn ich auf die Leiden meiner Nächsten schaue. Alle Leiden meiner Nächsten finden in meinem Herzen einen Widerschein. Ihre Qualen trage ich dermaßen im Herzen, daß ich sogar physisch ausgemergelt bin. Ich wünschte, daß alle Qualen über mich kämen, um meinen Nächsten dadurch Linderung zu verschaffen« (Tagebuch, a.a.O., S. 329). Hier wird deutlich, bis zu welchem Grad der Anteilnahme die Liebe führt, wenn sie sich an der Liebe Gottes mißt!

Von dieser Liebe muß sich die Menschheit von heute inspirieren lassen, um die Sinnkrise in Angriff zu nehmen, die Herausforderungen, die sich durch verschiedene Bedürfnisse stellen, besonders durch den Anspruch, die Würde einer jeden menschlichen Person zu wahren. Die Botschaft von der göttlichen Barmherzigkeit stellt somit implizit auch eine Botschaft vom Wert eines jeden Menschen dar. Jede Person ist in den Augen Gottes wertvoll, für jeden einzelnen hat Christus sein Leben hingegeben, jedem macht der Vater seinen Geist zum Geschenk und bietet Zugang in sein Innerstes.

7. Diese trostreiche Botschaft wendet sich vor allem an denjenigen, der – von harten Prüfungen gequält oder von der Last der begangenen Sünden erdrückt – jedes Vertrauen in das Leben verloren hat oder der versucht ist, zu verzweifeln. Ihm stellt sich das sanfte Antlitz Christi vor, über ihn kommen die Strahlen, die aus seinem Herzen hervorgehen, und sie erhellen, erwärmen, weisen den Weg und flößen Hoffnung ein. Wie viele Seelen hat die Anrufung »Jesus, ich vertraue auf dich«, die ihnen die Vorsehung durch Schwester Faustyna nahegelegt hat, bereits getröstet. Dieser schlichte Akt der Hingabe an Jesus reißt die dichtesten Wolken auf und läßt einen Lichtstrahl auf das Leben eines jeden herabkommen.

8. »Misericordias Domini in aeternum cantabo.«
[Von den Taten deiner Huld, Herr, will ich ewig sin-
gen] (Ps 88 [89], 2.) Mit der Stimme der aller-
seligsten Maria, der »Mutter der Barmherzigkeit«, mit
der Stimme dieser neuen Heiligen, die im himmlischen Jerusalem gemeinsam mit allen Freunden Gottes die Barmherzigkeit besingt, vereinen auch wir, die
pilgernde Kirche, unsere Stimme.

Und du, Faustyna, Geschenk Gottes an unsere
Zeit, Geschenk Polens an die ganze Kirche, hilf
uns, die Tiefe der göttlichen Barmherzigkeit zu erfassen, von ihr eine lebendige Erfahrung zu machen und diese vor unseren Brüdern zu bezeugen.
Deine Botschaft des Lichtes und der Hoffnung
verbreite sich in der ganzen Welt, sie führe die
Sünder zur Umkehr, sie besänftige die Rivalitäten
und den Haß und öffne die Menschen für eine ge-
lebte Brüderlichkeit. Indem wir mit dir den Blick
auf das Antlitz des auferstandenen Christus richten,
machen wir uns dein Gebet der vertrauensvollen
Hingabe zu eigen und sprechen mit fester Hoffnung: »Jesus, ich vertraue auf dich!«

Anmerkungen

[1] Schwester Faustyna hat immer wieder für ihr Vaterland (auch für Rußland) gebetet und in manchen ihrer Visionen die Schrecken des Krieges vorausgesehen, vgl. z.B. TB 686, 818, 1038, 1732.

[2] Vgl. Tagebuch der Schwester Maria Faustyna Kowalska aus der Kongregation der Muttergottes der Barmherzigkeit, Hauteville ([6]2003) – im folgenden zitiert als „Tagebuch". Die im zitierten Text angegebenen *Tagebuch-Nummern (TB)* beziehen sich auf die in dieser Ausgabe eingefügten Randnummern. Die hier vorliegende, zur Zeit einzige deutsche Übersetzung der Tagebücher von Schwester Faustyna weist zwar ausführliche Einleitungen, Register und einen Kommentar zum Tagebuchtext auf, ist aber stilistisch, grammatikalisch und orthographisch an verschiedenen Stellen ungenügend. Manche Übertragungen aus dem Polnischen wirken deshalb unsinnig und befremdlich z.B. der Ausdruck „bebettelt" statt richtig „gebettelt" (TB 365) oder der Ausdruck „Kongregation des Heiligsten Jesus Christus …" (TB S. 164, Anmerkung 252). Offenkundige Zeichensetzungs- und Rechtschreibefehler wurden in den hier zitierten Auszügen korrigiert. Eine wissenschaftlichen Kriterien genügende, kritische Übersetzung der Tagebücher ins Deutsche existiert noch nicht.

[3] Vgl. Maria Winowska, Anrecht auf Barmherzigkeit, Schwester Faustinas Ikone (Freiburg 1972), 26.

[4] Vgl.www.vatican.va/news_services/liturgy/documents/ ns_lit_doc_20000430_faustina_ge.html

[5] Ebd. 27.

[6] Die Quellen sind bezüglich genauer Angaben nicht eindeutig. In der Einleitung des „Tagebuchs" wird als Arbeitgeber die „bekannte" Familie Goryszewski genannt („Tagebuch", XXXIII), in anderen Quelle wird Leokadia Bryszewska, die eine Bäckerei und ein Geschäft führte, angegeben, z.B. bei Elzbieta Siepak, Selige Sr. Faustyna Kowalska, 1905-1938 (Krakau 1992), 13. oder Stanislaw Swidzinski, Die Botschaft der Barmherzigkeit Gottes vermittelt durch die selige Schwester Maria Faustyna Kowalska (Dülmen u.a. 1994), 17.

[7] Vgl. Winowska, 33.

[8] Ebd. 34. Helena war allerdings noch keine Postulantin, sondern Kandidatin. Postulantinnen sind Mädchen, die schon in die Kongregation aufgenommen wurden und die Ausbildung im Orden angefangen haben.

[9] Ebd. 32.

[10] Ebd. 59.

[11] Die Chronik des Klosters nennt als Aufnahmedatum den 1. September 1925 – kurz nach ihrem 20. Geburtstag.
Vgl. „Tagebuch", S. 11, Anmerkung 19.

[12] Die Festigung im Glauben und die schulische und berufliche Aus- und Weiterbildung stand bis 1962 (als der Staat die Aufgaben selbst übernahm) im Mittelpunkt der apostolischen Tätigkeit des Ordens, der dann vor allem caritative Aufgaben übernahm und sich in der Arbeit mit Behinderten engagierte. 1989 hat der Staat das Jugenderziehungszentrum für Mädchen in Krakau zurückgegeben, so daß die Kongregation heute wieder am ursprünglichen Apostolat anknüpfen kann. Durch die Sendung der Schwester Faustyna ist der Ordens-

gemeinschaft außerdem die neue Aufgabe übertragen worden, die Botschaft der Barmherzigkeit Gottes zu verkünden und zu verbreiten.

[13] Vgl. Winowska, 60.

[14] Das sog. „Wilna-Gebiet" mit der heutigen litauischen Hauptstadt Vilnius (Wilna) gehörte nach dem Ersten Weltkrieg von 1920/22 bis 1939 zu Polen.

[15] Zur kritischen Analyse der Tagebücher (zeitliche Abfolge der Aufzeichnungen, Textgeschichte, Schreibweise) vgl. die Einführung von P. Jerzy Mrowczynski im „Tagebuch" , XIXff.

[16] Vgl. Winowska, 21.

[17] Ebd. 65.

[18] Vgl. Siepak, 22.

[19] Zur Lehre vom Fegefeuer vgl.: Ulrich Filler, Himmel, Hölle, Fegefeuer – Was geschieht uns nach dem Tod? (Kißlegg 2004), 50ff.

[20] Vgl. Blaise Pascal, Pensées. Über die Religion und über einige andere Gegenstände (= Werke I), Ed. von E. Wasmuth (Heidelberg [8]1978), 248f.

[21] Vgl. Winowska, 58.

[22] Später beschließt sie, ihren Vorgesetzten nur noch äußere Angelegenheiten vorzutragen. Der Bereich des inneren, geistlichen Lebens ist für den geschützten Bereich der Beichte und des geistlichen Begleiters vorgesehen. Heute gehört diese Trennung von „forum externum" und „forum internum" zu den festen Grundlagen der Erziehung in einem geistlichen Beruf.

[23] Vgl. Winowska, 216.

[24] Ebd. 188.

[25] Ebd. 40.

[26] Ebd. 288.

[27] Ebd. 282.

[28] Vgl.www.vatican.va/news_services/liturgy/documents /ns_lit_doc_20000430_faustina_ge.html

[29] Vgl. Swidzinski, 20.

[30] Vgl. die Einführung von Sr. Elzbieta Siepak im „Tagebuch", VIff.

[31] Zur gesamten Entstehungsgeschichte der ersten vier Bilder vgl. „Tagebuch", S. 4, Anmerkung 1.

[32] Vgl. Winowska, 160.

[33] Vgl. AAS 94, 643-636.

[34] Der gesamte Text der Novene ist im Anhang dokumentiert.

[35] Der gesamte Text ist im Anhang dokumentiert.

[36] Vgl. Katechismus der katholischen Kirche. Neuübersetzung aufgrund der Editio typica Latina (München – Liberia Editrice Vaticana 2003), 2447.

[37] Ebd. 956.

[38] Vgl. AAS 51 (1959), S. 271. Vgl. auch die Dokumentation im „Tagebuch", S. 145, Anmerkung 230.

[39] Vgl. zur Geschichte des Textes: Mrowczynski im „Tagebuch", XXIVf. Auch Maria Winowska, die die erste Biographie über Schwester Faustyna verfaßte und viele Zeugenaussagen verwenden konnte, lag nur die erste, ungenügende Abschrift des Tagebuchs vor. Vgl. Winowska, 111.

[40] Vgl. die Eintragung TB 965 und TB 687.

[41] Vgl. AAS 70 (1978), S. 350.

Ein Dank gilt Schwester Malgorzata Kocik aus der Kongregation der Schwestern der Muttergottes von der Barmherzigkeit, Krakau, für die Durchsicht des Manuskripts und ihre zahlreichen Hinweise, die für die Erstellung der zweiten Auflage hilfreich waren.

Weitere Bücher des Autors

Deine Kirche ist ja wohl das Letzte

Pfarrer Ulrich Filler hat seinen Bestseller völlig neu überarbeitet und legt seine Fakten und Argumente für den Glauben noch aussagekräftiger vor. Kurz, präzise und glaubwürdig verteidigt er die Kirche gegen altbekannte Vorwürfe: Hexenverbrennung, Kreuzzüge, Morallehre usw.

176 Seiten, gebunden, 6,00 €, Best.-Nr. 00158

Freiheit – Der Weg der 10 Gebote

Dieses Buch des Bestseller-Autors betrachtet die Zehn Gebote in der neuen, aufregenden Perspektive der Freiheit. Es zeigt auf, dass der Dekalog nicht nur ein Regelwerk ist, das meine Freiheit eingrenzt, sondern Wege beschreibt, wie ich wirklich frei leben kann.

176 Seiten, TB, 6,95 €, Best.-Nr. 00027

Himmel, Hölle, Fegefeuer

Dieses Buch erschließt die gültige Frage, was nach dem Tod und am Ende der Zeit geschieht. Es macht deutlich, dass die Frage nach Tod und Ewigkeit nicht Ausdruck lebensverneinender Trübsal, okkulten Treibens oder esoterischer Spekulation ist, sondern wesenhaft zur Gestaltung gelingenden Lebens gehört.

128 Seiten, TB, 5,00 €,
Best.-Nr. 00030

Zerbrochene Herzen heilen

Dieses Buch will einen neuen Zugang zum vergessenen Sakrament der Buße schaffen. Es erschließt das Wesen und die Folgen der Sünde und beschreibt, wie uns Christus in den sakramentalen Zeichen der Kirche das Heil schenkt. Das Buch bietet eine schrittweise, praktische Anleitung zur Gewissenserforschung und Beichte. Mit einem Geleitwort des Erzbischofs von Köln, Joachim Kardinal Meisner.

160 Seiten, TB, nur 5,00 €, Best-Nr. 00350

Bestellungen an:

Fe-Medienverlag, Hauptstr. 22, D-88353 Kisslegg-Immenried
Tel. 07563-92006, Fax 07563-3381